Carl Ludwig Giesecke

**Schauspiele aus der Vorzeit**

Carl Ludwig Giesecke

**Schauspiele aus der Vorzeit**

ISBN/EAN: 9783743677586

Hergestellt in Europa, USA, Kanada, Australien, Japan

Cover: Foto ©Thomas Meinert / pixelio.de

Weitere Bücher finden Sie auf **www.hansebooks.com**

# Schauspiele
## aus der
# Vorzeit.

---

Lutz von Unterstain, in vier Aufzügen,
von K. L. Gieseke.

Knapp Konrad, der Stählerne, in fünf
Aufzügen, von Franz von Leu-
denfeld.

Schmid sc.

---

Wien und Leipzig
bei Alois Doll, 1792.

# Lutz von Unterstain.

## Ein ritterliches Schauspiel

in vier Aufzügen

von

### Karl Ludwig Giesecke,

Schauspieler.

A 2

# Perſonen.

Eberhard, Graf von Würtenberg, genannt
    der Gräner.
Ada, ſeine Tochter.
Wipprecht von Gültlingen, Obervogt von Blau-
    beuren.
Philipp von Berlichingen,    ⎱ Fränkiſche und
Lutz von Unterſtain,         ⎮ ſchwäbiſche
Hanns von Ullberg,         ⎮ Ritter und
Germanus von Emmershofen, ⎮ Brüder vom
Perzifal Danneberg,         ⎰ Einhorn.
Veit von Haſenberg.
Meiſter Heinrich, genannt Frauenlob, ⎱ Meiſter-
Meiſter Wolfhart, genannt Seuberlich, ⎰ ſänger.
Jakob von Dornberg, Marſchalk.
Anne von Unterſtain, Lutzens Schweſter.
Kunegunde von Liebenſtein, Adas Zofe.
Kunz, Ullbergs und Lutzens Knappe.
Hanns, Haſenbergs Bube.
Herrmann, Haſenbergs Knappe
Der Freygraf.
Der Schöppe.
Ein Mörder.
2 Kreiswärtel.
Ritter, Knechte, Volk, Meiſterſänger.

Die Zeit der Geſchichte iſt um 1362.

# Erſter Aufzug.

## Erſter Auftritt.

( Zimmer in Lutens Burg. )

Hanns von Ullberg, Kunz.

( Letterer bringt Schild, und Lanze, und einen goldenen Kranz. )

Hanns von Ullberg.

Gott Lob! der Dank iſt auch wieder errungen. Kunz. Ihr habt weiblich gefochten, Herr! — Mir lauft immer 's Waßer zwiſchen den Zähnen zuſammen, wenn ich euch ſo drein ſezzen ſehe, daß die Splitter von der Rüſtung fliegen, und es ärgert mich dann, daß ich nur ein gemeiner Knappe bin.

Hanns v. Ullberg. Hab nur Geduld, Knappe, vielleicht kann ich dich noch wehrhaft machen. Du verdienteſt eher Ritter zu ſeyn, als der feige Arburg.

Kunz.

**Kunz.** Den habt ihr schön über die Mähre herunter gestochen Herr! der arme Ritter krachte wie ein irdener Topf, wenn man ihn gegen die Wand wirft. Der reitet gewiß zu keinem Turnier mehr.

**Hanns v. Ullberg.** Unsere Ritterschaft artet von Tag zu Tag mehr aus. Da kommen sie die seidnen Buben, die Hageprunke, um sich von den Damen begaffen zu laßen. Auch unsre Weiber sind zum Theil schon von ihrem lüftigen Wesen angesteckt; sie sehen so einen Hageprunk mit langen Schnäbeln an den Schuhen im langen Mantel mit rothen Schleifen, und befiedertem Baret allzeit lieber, als einen mannhaften Ritter im rostigen Harnisch. Sie glauben ihre Bestimmung sey eben so wie der Gebrauch einer Leimruthe, wenn nur ein Vogel dran hängen bleibt, ein Mistfink ist Ihnen lieber als eine Nachtigall, weil er schönere Federn hat.

**Kunz.** Ihr habt Recht Herr! Die jungen Ritter bestreichen sich ja jetzt mit köstlichen Salben und Wässern, daß man sie eine Stunde weit riecht. Es beutelt mich am ganzen Leib, wenn so ein Zaunkönig in die Schranken schlüpfet. Nennt nur ein halber Ritter gegen so einen Hasenfuß, so quakt er wie ein Laubfrosch.

Zwei-

## Zweiter Auftritt.

Kunz, Hanns von Ullberg, Luz von
Unterstain.

Hanns v. Ullberg. Willkommen Bruder Luz!
Du haſt dich mannlich im Luſtrennen gehalten. —
Bald ziehen wir mit einander gegen den Kunners-
dorfer, da ſolls weiblich losgehen.

Luz v. Unterſtain. Wir wollen nur ſehen,
daß wir noch ein paar Waffen = Brüder kriegen,
denn unſer Widerſacher iſt mannhaft und ſtark. —
Ich habe ſchon meinen künftigen Schwager den
jungen Haſenberg aufgeboten, aber der kann von
ſeinem Hofdienſt nicht abkommen.

Hanns v. Ullberg. Den laß auch nur aus
dem Spiele, wenn du willſt, daß ich dein Feh-
degeſell bleiben ſoll.

Luz v. Unterſtain. Ich begreife nicht, was
du gegen ihn haſt.

Hanns v. Ullberg. Was jeder biedere Rittersmann gegen einen Buben haben muß, der Ritterwort und Handſchlag bricht. Er blieb als ein
Bundbrüchiger bey meiner Fehde mit dem Kunnersdorfer aus, und brachte mich dadurch in Leib und
Lebensgefahr, weil mein Rucken nicht gedekt war.
— Weh thut mirs, daß du ſo einem feigen Für-
ſtenſchranzen deine Schweſter geben willſt.

A 4 Luz.

**Luß v. Unterstain.** Wenn er aber dir wi=
derspricht, und was wirst du dann thun?

**Hanns v. Ullberg.** Ihm den eisernen Feh=
dehandschuh ins Gesicht schlagen und behaupten
vor Gott und der edeln deutschen Ritterschaft, daß
er ein Lügner sey. Meine Kundschafter steckten
mirs gleich, daß er nicht bey Hofe war, son=
dern auf seinem Schloße in den Armen seiner
Buhldirne Mechtildis koste und leckte, — daß
sich mein Knappe Kunz, der damals noch in sei=
nen Diensten war, statt seiner schämte. —

**Kunz, Ritter Luß,** er heißt Hasenberg, das
sollt euch ja genug seyn.

**Luß v. Unterstain.** Meine Schwester sagt
mir doch, daß er ihr heilig vor Gott auf sein
Schwert Treue geschworen.

**Hanns v. Ullberg.** Geschworen? — Wel=
cher rechtschaffne Deutsche schwört seiner Buhlen
Treue? Sind Wort und Handschlag schon so
herabgekommen, daß Weiber nicht einmal mehr
daran glauben? Ist die goldene Münze deutscher
Redlichkeit schon so beschnitten, daß man sie erst
auf die Wage legen, und mit Schwüren und
Eiden den Mangel des Gewichtes ersetzen muß?
— Hier, mein treuer Bruder Luß von Unterstain
geb ich dir mit meinem Fehdehandschuh das Recht
den Ritter Hanns von Ullberg künftighin einen
Schurken zu nennen, wenn er ohne Grund dem

Hasen=

Hasenberg bey dir einen bösen Leumund gemacht
hat.

Luz v. Unterstain. ( Reicht ihm die Hand. )
Ich glaube dir, und nun sey Veit von Hasen=
berg auf ewig aus der Sippschaft derer von Un=
terstain ausgeschloßen, sein Name werde zum Ge=
spötte unserm Geschlechte, und wenn ich einst ei=
nem verbulten Weibe etwas Böses wünschen soll=
te, so will ich ihr wünschen, daß sie des Hasen=
bergs Weib werde. —

## Dritter Auftritt.

### Hasenberg, Vorige.

Hasenberg. Ha, ihr sprecht von mir; so gehts
lieber Schwager, weßen das Herz voll ist, deß
gehet der Mund über.

Hanns v. Ullberg. Ritter! ich glaube, daß
dies die erste Wahrheit ist, die ihr in eurem Le=
ben sprecht.

Luz v. Unterstain. Ja wir sprechen von
euch, und bedauerten Deutschland, daß sich in
die Herzen vieler Söhne unsers Vaterlandes aus=
wärtiges Hasenblut geschlichen hat, wie es in dem
eurigen klopfet.

Hasenberg. Was sollen diese Reden? — Ihr
beleidigt mich dadurch.

Luz.

Lutz v. Unterstain. Wärt ihr gleichgültig dabey, so würde ich euch durch meine Schergen peitschen laßen. Reicht mir eure Rechte, Hasenberg.

Hasenberg. Was wollt ihr denn? Schwager!

Lutz v. Unterstain. Schwager? — Ich bin nicht der Schwager eines Feigen, eines nichtswürdigen Schurken. Eure Rechte her!

Hasenberg. Hier ist sie!

Lutz v. Unterstain. Und nun herab mit dem Ring der Treue von der Hand eines Nichtswürdigen; zertreten sey das Unterpfand der reinsten Liebe, das meine Schwester an einen Buben verschwendete. Ehe soll einer meiner geringsten Reuter sie zum Weibe kriegen, als der entnervte Wohllüstling Hasenberg. Doch morgen erwarte ich dich vor Sonnenuntergange mit Lanze und Schwert an den Schranken, um dir nach Ritterrecht und Rittersitte mit Blut in deinen Hasenbalg zu schreiben, daß du ein Schurke bist.

( Mit Hanns und Kunz ab. )

## Vierter Auftritt.

### Hasenberg allein.

Eure Bemühung wird unnöthig seyn. Ha! Verdammt sey doch meine Feigheit! Morgen vor Son-

Sonnenuntergang in den Schranken. Die Zeit ist
zu kurz, um mein Seelengeräth in Ordnung zu
bringen. — Stellen will ich mich bis morgen,
aber euch so viel zu thun geben, daß ihr gewiß
nicht erscheinen sollt. Ich will den Würtenberger,
den Dannenberg, und die Kunnersdorfer gegen
euch aufhetzen, und vier Mann werden doch mit
zweyen fertig werden.

## Fünfter Auftritt.

### Hasenberg, Kunz.

( Letzterer mit einer Streitkolbe. )

**Kunz.** Mein Herr, der Ritter Hanns v. Ull=
berg läßt euch sagen, ihr solltet euch beizeiten aus
seinem Schloße trollen, sonst sind wir Knechte
aufgeboten euch mit Streitkolben nach eurer Burg
zu leuchten.

**Hasenberg.** Tod und Verdammniß! begegnet
man so einem Ritter?

**Kunz.** Seyd ihr dann ein Ritter? Wir Knech=
te könnens nicht einmal glauben, um so viel we=
niger unser Herr.

**Hasenberg.** Ich werde es morgen in den
Schranken beweisen.

**Kunz.** Das ist das gescheidste, Herr, was
ihr thun könnt. Denn sonst möchten sich übermor=
gen

gen eure Stallbuben schämen euch euer Pferd zu satteln.

Hasenberg. Warum?

Kunz. Weil ein Ritter, wie ihr, der auf dreymalige Aufforderung nicht erschienen ist, auf einem Esel reiten sollte.

Hasenberg. Bursche, du warst nicht so patzig, als du noch auf meiner Burg dientest.

Kunz. Das machts, weil ich damals einem Ritter diente der auch nicht patzig war. Jetzt geht Herr, sonst müssen wir unsere Fackeln anzünden: (auf die Streitkolbe deutend.)

Hasenberg. Ich gehe schon, aber glaube mir, Ullberg und Unterstain sollen ihr Betragen bereuen.

Kunz. Wenn Sie das könnten, so würde ich bereuen, daß ich in ihre Dienste getretten bin. Macht nur Herr, daß ihr den eisernen Maulkorb umschnallt, sonst muß ich mich schämen euch einmal das Pferd gesattelt und den Bügel gehalten zu haben. Und damit ihrs nur wißt, ich hab ihm gesagt, daß ihr eurer feilen Dirne wegen auf sein Aufgebot gegen den Kunnersdorfer nicht erschienen seyd. Und nun geht, ich mache meinen guten Leumund verdächtig, wenn ich länger bey euch bleibe. ( Schiebt ihn nach der Thüre zu. )

Hasenberg. Wärst du auf meiner Burg, ich ließ dich zum obersten Wartfenster herunterstürzen, du Schurke!

Kunz.

Kunz. Wenn ich ein Schurke wäre, so müsten wir aus einer Zunft seyn. ( gehen beide ab. )
( Die Bühne stellt ein schwarzes Gewölbe mit einer Lampe beleuchtet vor. )

## Sechster Auftritt.

Philipp von Berlichingen, Lutz von Unterstain, Hanns von Ullberg, Perzifal Dannenberg, und andere Ritter und Kämpen tretten ein.

Sie tretten in einen halben Kreis, eine feierliche Stille.

Hanns v. Ullberg. Theure Ritter, Brüder und Waffenfreunde, unser Ordensbild ist das Einhorn.

Alle. Ja.

Hanns v. Ullberg. Seyd ihr noch alle meine treuen Brüder im Einhorn?

Alle. Deine treuen Brüder im Einhorn.

Hanns v. Ullberg. Gebt mir das Zeichen des Ordensbildes.

Alle ( recken einen Finger in die Höhe. ) Dies das Zeichen! —

Hanns v. Ullberg. Einer eurer Brüder hat groß Unbild von einem andern unwürdigen Ordensbruder erlitten.

Phi=

**philipp v. Berlichingen.** Der leidende Bru=
der komme und klage!

**Lutz v. Unterstain.** Ich Lutz von Unterstain,
ein leidender Bruder aus der Verbrüderung zum
Einhorn klage auf Ehr und Leben einen ehr = und
rechtlosen Bruder an. — Wollt ihr mir treulich
beystehen in allen Leibesnöthen gegen einen ehr=
und rechtlosen Gesellen?

**Alle.** Wir wollen es.

**Hanns v. Ullberg.** So wahr wir edle Ritter
und treue Brüder sind.

**Lutz v. Unterstain.** So bedekt das Wap=
pen des von Hasenberg damit wir ohne Scheu
Recht und Gerechtigkeit handhaben. ( Sie bedecken
das Wappen des Hasenbergs. )

**Hanns v. Ullberg.** Und nun rede, Bruder!

**Lutz v. Unterstain.** Hasenberg, ein verwor=
fener Bruder unsers Bundes schwur meiner Schwe=
ster Anna von Unterstain vor Gott und auf sein
Schwert sie zu nehmen und zu halten als sein ehe=
liebes Weib, und gab ihr zum Pfande der Ehe
einen güldenen Ring; — er gab mir seinen Hand=
schlag als Bruder im Einhorn mir thätlich beyzu=
stehen gegen die Kunnersdorfer.

**Alle.** Des sind wir Zeugen.

**Lutz v. Unterstain.** Er gab vor, daß er
nicht aufbrechen könnte, weil er bey seinem Schutz=
herrn dem Würtemberger Hofdienst hätte. Aber
er

er faß auf feiner Burg, und herzte feine Dirne.

Hanns v. Ullberg. Habt ihr des Zeugen?

Lutz v. Unterftain. Ich habe deren nur Einen.

Hanns v. Ullberg. Ift er aus unfrer Verbrüderung?

Lutz v. Unterftain. Nein, aber ein unbeſcholtener deutſcher Mann. Er ift ein Knappe, und heißt Kunz Leberecht.

Hanns v. Ullberg. Er trete herein, und zeuge! (Der Thürhüter geht, und führt Kunzen mit verbundenen Augen herein.)

## Siebenter Auftritt.

### Vorige, Kunz.

Hanns v. Ullberg. Wer bift du?

Kunz. Ich bin Kunz Leberecht.

Hanns v. Ullberg. Wem dienft du?

Kunz. Den ehren feften Rittern Lutz von Unterftain, und Hanns von Ullberg.

Hanns v. Ullberg. Warum bift du hier?

Kunz. Um zu zeugen für Recht und Wahrheit.

Hanns v. Ullberg. Bift du frey von grober Mißethat, ſind deine Hände rein von unſchuldigem Blute?

Kunz. Ja,

Hanns

Hanns v. Ullberg. Kannst du bezeugen, daß Ritter Veit von Hasenberg die brüderliche Treue gegen Lutz von Unterstain verletzt habe? —

Kunz. Ja, er belog ihn, und betrügt Annen von Unterstein.

Hanns v. Ullberg. So schwöre dies auf das Schwert.

Kunz. Ich schwöre es auf dies Schwert. — (Legt die Finger drauf.)

Hanns v. Ullberg. Deine Seele sey dem Henker, dein Leib den Raben auf dem Galgen, wenn du falsch geschworen.

Kunz. Amen!

Hanns v. Ullberg. Gehe in Frieden, der Himmel begleite dich! (Kunz geht ab.)

## Achter Auftritt.

### Vorige, ohne Kunz.

Hanns v. Ullberg. Und nun, lieben Brüder und Freunde im Einhorn, ergehe Urtheil und Recht über den treulosen Gesellen, der Hasenberg heißt! Auf ewig sey sein Name aus unsrer Verbrüderung vertilgt, so wie ich hier sein Wappen vertilge. (Er haut sein Wappen von der Lanze herab.) Wer von uns stehet, der sehe wohl zu, daß er nicht falle! — Die Zierde unseres Bundes sey Gerechtigkeit, Einigkeit, und Brudertreue. Das Horn

un=

unfers Sinnbilds in Gold gefaßt, zeigt wenn Gift
in der Nähe ist, und so laßt auch uns jede Gefahr, die unserm Mitbruder droht ihm anzeigen,
laßt uns ihn schützen. Das Laster auf dem Thro-
ne sey uns so verhaßt, wie das Laster in Ketten;
Tugend sey uns heilig, wo wir sie finden. Und
nun gebt euch die Hände als treue Brüder, und
folgt dem Ordensbilde: Aufrichtig und einig laßt
uns seyn wie das Einhorn, rein wie Gold. (Sie
umarmen sich.)

Alle. Aufrichtig und einig laßt uns seyn wie
das Einhorn, rein wie Gold. (Alle gehen ab.)

## Neunter Auftritt.

(Der Schauplatz verwandelt sich in ein Zimmer auf
der Burg Wolfstain.)

### Hasenberg allein.

Dornberg kommt noch nicht! — Ich fürchte,
sein Anschlag muß ihm mißlungen seyn. Und wenn
er das wäre! Wenn er etwa auf der Folter Lutzen die Wahrheit gestünde, für wen er Annen geraubt habe, — dann stünde es schlimm mit mir.
— Ha! ich zittre wie ein Espenlaub über und über.
Ich fürchte immer die Sage hat Recht, welche
schwatzt, daß meine Mutter mich zum Stichworte
ihrer Verbrechen gebraucht habe. Kinder meines
gleichen sollen sonst stark, muthig und feurig seyn

— ich fühle von allem das Gegentheil, und es nimmt mich auch nicht Wunder! Die Furcht meiner Mutter, auf ihren verbotenen Liebeleyen ertappt zu werden, hat ein Geschöpf zur Welt gebracht, welches gegen kosende Weiber Mann, und gegen zürnende Männer Weib ist. — ( Trompetenstoß.) Aha! Sie kommen! Dies war das verabredete Zeichen des glücklichen Ausganges! (zum Fenster hinaus) Zieht gleich nach ihnen die Zugbrücke wieder auf! —

## Zehnter Auftritt.

Jakob von Dornberg, Anne von Unterstain, (mit verbundenen Augen, verstopftem Munde) Knechte.

Dornberg. ( Legt den Finger auf den Mund.)

Hasenberg. (spöttisch) Freue mich höchlich, schönstes Fräulein, Euch in meiner Burg zu sehen. ( zu einem Knecht) Du führe diese Dirne in den Thurm, und trage Sorge, daß es ihr an nichts fehle. Gieb ihr auch eine Harfe, damit sie Zeitvertreib hat. Fort Fräulein, in eure Wohnung, dort sollt ihr euch nicht beklagen dürfen, daß euch die Sonne die Haut zu sehr schwärze. (Anne wird abgeführt.)

Dorn-

Dornberg. (nimmt das Visier ab) Gottlob! daß ich wieder sprechen kann, Schwager, jetzt hast du dein zärtliches Täublein.

Hasenberg. Den Dank will ich deiner Schwester bezahlen.

Dornberg. Das will ich hoffen. Denn wenn ich der Sache recht nachdenke, so hab ich einen dummen Streich gemacht. Der Bruder bringet dem Bulen seiner Schwester andre Dirnen zu. —

Hasenberg. Schwager, du weißt ja, daß ichs bloß gethan habe, um ihre Freunde zu quälen, und Lutzen vom Kampfgericht abzuhalten. Nun sage mir wie du deinen Anschlag ausgeführt hast.

Dornberg. Leichter als ich dachte. Das Burgthor war bloß angelegt, und die Zugbrücke nur durch einen Riegel vermacht. Den stießen wir leicht fort. Die Burgwachen ließ ich binden, und nun mit 6 Knechten in ihr Zimmer. Meister Freundlich saß bey ihr und spielte die Harfe. Als ich sie packte, schlug mich der alte Kerl mit seiner Harfe auf den Helm, daß mir der Schedel brummte, wie eine Feldpaucke. Ich schlug ihn mit einem Lanzenstreich nieder, verband Annen den Mund, setzte sie aufs Roß, und so fort bis hieher.

Hasenberg. Dank braver Schwager! Aber jetzt zum Morgenbiß. Nach gethaner Arbeit schmeckt der Wein nochmal so gut.

B 2                    Eil-

## Eilfter Auftritt.

### Vorige. Dazu Hanns.

Hanns. Luß von Unterstain war vor der Pforte, ich ließ ihn ein, denn er will euch spre=chen, gestrenger Ritter.

Hasenberg. (ängstlich) Um Himmelswillen, was will denn der jetzt? —

Dornberg. Seyd ihr wieder ganz Hasen=berg? Er wird euch nicht fressen, und von der Entführung kann er nichts wissen. Ich will mich entfernen, sonst könnte er Verdacht schöpfen. (leise) Müßt ihrs denn sogar eure Buben merken lassen, daß ihr ein Hase seyd? (ab.)

Hasenberg. Laßt ihn kommen! Ihr Knechte bleibt hier, und thut als ob ihr mit euren Waf=fen beschäftigt wäret. —

## Zwölfter Auftritt.

### Luß von Unterstain, Hasenberg, Hanns.

Hasenberg. Willkommen lieber Luß, wie muß ich mir das erklären, daß ihr noch vor dem Kampf=gerichte mich heimsucht auf meiner schlechten Burg?

Luß. Die schlechte Burg ist noch zu gut für euch, und ihr seyd selbst Schuld dran, wenn kei=ne braven Kämpen euch heimsuchen.

Ha=

Hasenberg. Eure Sprache schickt sich sonderbar zu der Sprache eines freundschaftlichen Besuchs.

Lutz. Hab ich denn gesagt, daß ich euch einen solchen abstatten wollte? —

Hasenberg. Ihr seyd doch wohl nicht gekommen, hier das Kampfgericht mit mir zu halten. Ihr wißt die Art eurer Ausforderung.

Lutz. Bey der es sein Verbleiben haben soll. Ich erwarte euch vor Sonnenuntergang an den Schranken vor der ganzen Ritterschaft. — Denn wenn mich nicht mein Ritterwort dränge zu erscheinen, so würde ich mit euch zu kämpfen mich schämen, weil ihr mit eurem bösen Gewissen genug zu kämpfen habt.

Hasenberg. Eure Reden werden mir immer unverständlicher! Sagt kurz und gut die Ursache eures Besuchs.

Lutz. Kann gleich geschehen! Laßt nur eure Knechte abtreten.

Hasenberg. (ängstlich leise) Geht hinaus, aber bleibt bey der Thüre stehen, damit ihr gleich wieder da seyd, wenn ich euch rufe. — (die Knechte gehen) Ritter, wir trinken doch einen Krug Wein mit einander? —

Lutz. Lutz von Unterstain trinkt nie mit einem Menschen der eigentlich nur mit Weibern trinken sollte. — Wäre ich Machtbothe der ganzen deutschen Ritterschaft, so würde ich euch sagen,

B 3                    daß

daß ihr nicht werth seyd den Namen eines Ritters zu führen.

Hasenberg. (drohend) Ritter! —

Lutz. Aber das, was ich euch als Machtbothe des deutschen Adels sagen möchte, verkünde ich euch als Machtbothe der Verbrüderung der Ritter vom Einhorn. Hier habt ihr eure Verschreibung von uns zurück. (Zieht ein grosses Papier mit Kapsel heraus, zerreist es, und wirft ihm die Stücke vor die Füsse.) Der Zweck unseres Ordens ist: sich von dem Troße derer, die unwürdig den Ritternamen führen abzusondern, und im engern Kreise der edleren Brüder den Zweck seines Daseyns zu erfüllen. — Ihr seyd dieser hohen Verbindung unwerth, und somit sey das Band zerrissen, das uns kettete. — Dies war der Auftrag, den mir meine Brüder gaben. Und nun ein Wort wegen meiner Schwester Anne von Unterstain. — Fräulein Anne von Unterstain — lehrt euer Gesicht lügen, damit es euch nicht den Spiegel eurer Sünden vorhält — Fräulein Anne von Unterstain — zieht euer Barett ab — denn ich spreche von einem Weibe, die eine Büsserin gegen euch ist — zieht euer Barett ab!

Hasenberg. Was soll das?

Lutz. Ich bitte euch, (greift ans Schwert) zieht euer Barett ab! —

Hasenberg. Ihr werdet mir doch nicht auf meiner Burg Befehle geben wollen.

Lutz. Bewahre! — Ich bitt euch ja nur — —

Hasenberg. (stolz) Sonst wollt ich euch zeigen, daß ich nicht mit mir spaffen laffe.

Lutz. Ha, regt sich eure Galle — ich will sie noch mehr reitzen, damit ihr doch nicht kalt beim Kampfgericht erscheint. — Ich befehle euch zieht euer Barett ab, sonst red ich auf eine andre Art mit euch. Es verdrieffen mich ohnedies schon die vielen Worte, die ich mit euch wechsle. —

Hasenberg. (nimmt das Barett ab) Nun also — Was wollt ihr?

Lutz. Fräulein Anne von Unterstain verlangt von Euch durch mich, daß ihr mir ihre Briefe und die goldene Halskette abliefert. — Mein Auftrag ist geendet! — Jezt setzt nur wieder auf! — (macht die Thüre auf) Kommt herein, ihr Knechte! — (die Knechte treten ein) Nun schafft her — ich muß fort. (geht in Hintergrnnd und betrachtet die Waffen.)

Hasenberg. Das hat mich überrascht! — Doch, was zaudre, was wähle ich lange! — Weiß ich nicht mein Schicksal voraus? Wenn ichs ihm vorenthalte, so hackt er mir meine geraden gesunden Knochen kurz und klein. —

Lutz. Nun, wozu entschließt ihr euch?

Hanns.

Hanns. Sollen wir euch den Harnisch an=
legen, gestrenger Herr? —

Luk. Gut gefragt, Bube! du dienst ihm ge=
wiß noch nicht lange?

Hanns. Seit vier Wochen.

Luk. Dachte mirs gleich! Nun Hasenberg,
werdet ihr die Sachen herausgeben.

Hasenberg. Nein.

Luk. Gut, so laßt euch wappnen! Auch
das nicht? — Hasenberg ich bitt euch um Deutsch=
lands Ritterehre — bitte euch der ehemaligen Ver=
brüderung wegen, laßt Trauerdecken über die Bild=
nisse eurer Ahnen hängen, damit jeder Fremdling
sogleich sehe, daß hier das Grabmal deutscher Rit=
terehre sey. Hasenberg, die Sachen! —

Hasenberg. Ihr sollt sie gleich haben! (beyseite)
Was liegt mir an dem Plunder, ich habe ja das
bessere in Händen. (ab)

## Dreizehnter Auftritt.

Luk v. Unterstain, Hanns, Knechte.

Luk. (zu Hanns) Bube, wie alt bist du
schon? —

Hanns. Erst 15 Jahre, leider! —
Luk. Warum sagst du leider!

Hanns. Weil ich noch keinen Harnisch tragen kann.

Lutz. Haſt du ſchon das Schwert bekommen?

Hanns. Ja, edler Ritter.

Lutz. Auch ſchon gebraucht? — Warum wendeſt du dich weg? Warum verbirgſt du dein Geſicht? Die Thränen ſtehen dir in den Augen? — Was iſts! Rede!

Hanns. Ach Herr! — Ich ärgre mich, daß mein Schwert ſo leicht iſt. — Nicht einmal ein Panzerhemd kann ich damit durchhauen.

Lutz. Braver Bube! — Willſt du mit mir ziehen? — Ich will dir ein Männerſchwert geben.

Hanns. Darf ich euch trauen?

Lutz. Wie? — Haſt du in vier Wochen hier ſchon verlernt dem Worte eines Mannes zu glauben, ſo würde ich deine Seele auf meinem Gewiſſen haben, wenn ich dich länger hier ließe, hier wo deine Tugend und Herzhaftigkeit bald in Ehrloſigkeit und Feigheit ausarten würde. Du ſollſt mit mir auf meine Burg. Aber Knabe, dort roſten die Waffen nicht ſo wie hier — dort ſiehſt du meine Buben täglich die Scharten aus ihren Schwertern wetzen. Für feige Mutterſöhnlein iſt das nicht. —

Hanns. O wenn ich doch jetzt ein Schwert hätte! —

Lutz.

**Lutz.** Da haſt du eins! — (giebt ihm eins von der Wand.)

**Hanns.** Nun Ritter, ſo fordre ich euch jetzt zur Rechenſchaft, daß ihr meinen ſeeligen Vater in der Erde beſchimpft habt , weil ihr glaubt, er hätte einen feigen Buben gezeugt. —

**Lutz.** Bube, herrlicher Bube, vergieb mir! — Nicht Zweifel an deiner Tapferkeit hieß mich ſo reden! (küßt ihn) O wenn mir doch Gott auch einſt einen ſolchen Buben gäbe! Wer war dein Vater ?

**Hanns.** Georg von Sulzbach.

**Lutz.** Auch ein tapferer Kämpe. — Du biſt ein Spiegel ſeiner Biederkeit! — Nun lieber Bube, willſt du mit mir ? —

**Hanns.** Ja, aber ihr mußt auch machen, daß ich bald an Schleifſtein komme, um die Schar= ten aus meiner Klinge zu wetzen.

**Lutz.** So bald als möglich, Bube! Wie heiſeſt du?

**Einer von den Knechten.** Hanſel heißt er.

**Hanns.** Hallunk, halts Maul! — Nein Hanns heiß ich.

**Lutz.** Nun mein lieber Hanns , hier haſt du mein Wort: in drey Jahren ſoll Hanns von Sulzbach, Lutzens Waffenbruder ſeyn.

**Hanns.** Und dem ſey der Tod geſchworen, der mich wieder Hanſel heiſt.

Vier=

# Vierzehnter Auftritt.

### Hasenberg, Vorige.

**Hasenberg.** Ritter, hier habt ihr die Sachen.

**Lutz.** Es müssen acht Briefe seyn, hier sind nur sechs.

**Hasenberg.** Zwey davon hab ich zerrissen.

**Lutz.** (greift ans Schwert.) Her damit, oder ich zerreiß euch auch.

**Hasenberg.** (zieht sie aus dem Busen.) Da sind sie! —

**Lutz.** Gut jetzt! — Hanns, komm her! —

**Hanns.** Was begehrt ihr, edler Ritter?

**Lutz.** (hängt ihm die Kette um.) Mit dieser Kette weihe ich dich ein zum Dienste der Tugend und zur Aufrechthaltung der Ehre der Frauen, wirst du je weichen von diesem rühmlichen Pfade, so brenne sie in deine falsche Brust, und brand-marke dich mit Schande! —

**Hanns.** Und ein Scherg erdroßle mich, und mein Leichnam werde eine Speise der Raben.

**Lutz.** Amen! Hasenberg, der Knabe zieht mit mir. Die Unschuld gedeiht nie unter dem Drucke des Lasters.

**Hasenberg.** Was? Ihr wollt mir meine Knechte abspenstig machen?

**Lutz.** Ich nehm ihn mit, weil er selbst gehen will. Oder habt ihr etwa Lust ihn mir mit Blut

zu verkaufen, so sprecht, ich bin ganz zu euren
Diensten.

Hanns. Gestrenger Ritter, laßt mich mitziehen. Bey euch hab ich ja so nichts als Brod-
messer zu wetzen.

Hasenberg. Geh mir aus den Augen, nichts-
nütziger Bube! —

Lutz. Ihr habt Recht, für euch ist er nichts-
nützig. Ich weiß, ihr laßt ihn gerne gehen. Denn
der Mistfink ( auf Hasenberg deutend ) und der junge Adler würden sich in einem Neste nicht lange
vertragen. — Lebt wohl! — Bestellt euer Haus,
im Kampfgericht sehen wir uns beide wieder.
Einer von uns beiden wird von den Kreiswärteln
auf der Bahre aus den Schranken getragen.

( beide gehen ab. )

## Fünfzehnter Auftritt.

### Hasenberg allein.

Zum Kampfgericht! — Da dürft ihr lange warten, bis ihr mich seht. — Ehre und
Schande — beides besteht nur in der Einbildung!
Kluge Leute essen ihr Brod in Ruhe, und Narren
lassen sich die Knochen zerhacken. Rauft euch meinetwegen um eure Lorbeerkränze blutig — ich wüßte sie auf der Welt zu nichts zu brauchen, als
höchstens das Rindfleisch damit zu würzen.

( geht ab. )
Zwei-

# Zweiter Aufzug.

## Erster Auftritt.

( Die Bühne stellt einen dichten Wald vor, hinten sieht man Hasenbergs Burg.) Lutz von Unterstain ( als gemeiner Reiter mit gefärbtem Gesichte, und schwarzen falschen Haaren, Seuberlich in einem langen weiten Mantel, Germanus von Emmershofen als gemeiner Reiter, Hanns von Sulzbach trägt Seuberlichs Cithar. )

Lutz. Hanns! reiche mir die Kürbisflasche, ich bin wie ausgedörrt durch die Hitze der Sonne.

Seuberlich. Ihr müßt nur nicht verzweifeln Herr! —

Lutz. That ich das je? — Aber verlangt ihr, daß ich meinen Zorn verbergen soll, der durch jede Stunde, die ich länger hinlebe, stärker gegen den Entführer angefacht wird?

Emmershofen. Das hab ich euch ja voraus gesagt, daß er beim Kampfgerichte nicht erscheinen würde. Sein Herz ist mit Pfundleder überzogen, wie kann da Gefühl von Ehre oder Schande durchdringen? — Ihr hättet ihn nie in unsern Ritterorden aufnehmen sollen, so dürften wir die Schande nicht tragen. Schön sprechen konnte der Bube freilich — zum sprechen braucht

man

man aber kein Herz — handeln — schön handeln, das macht den braven Mann. —

( Sie nähern sich der Burg. )

**Hanns.** Seyd ihr schon lange aus Paläſtina.

**Emmershofen.** Vorige Woche erſt kam ich in dieſer Gegend an. Jetzt ſinds acht Jahre, daß ich hinzog. — Ich hab in der Zeit des guten und böſen viel erfahren.

**Hanns.** So erzählt uns etwas!

**Emmershofen.** Wozu ſoll ich das? — das Gute wird ohnedies gar bald bekannt, und des Böſen Herold mag ich nicht ſeyn. —

**Hanns.** Nu erzähle uns etwas. — Das Gute wird durch dein redliches Geſicht mehr Eindruck finden, und das Böſe werden wir deſto mehr verabſcheuen.

**Emmershofen.** Nun ſo horcht auf, ihr Knechte Haſenbergs! Hört eine Geſchichte unſerer Züge. — In unſerm Heere war ein Menſch, ( Ritter darf ich ihn nicht nennen, denn er mußte ſich er ſein Wappen irgendwo geſtohlen haben ) ein Menſch, den keine Rittertugend zierte, ein Menſch, der ſein Leben durch lauter Schandthaten merkwürdig gemacht hatte. Dieſer ſtahl meinem Ritter ſeine Schweſter, verbarg ſie bey ſich, um ſie zu verunehren, mein Herr erfuhr es, forderte ihn zum Zweikampfe, und er kam nicht.

**Hanns.** Pfuy Teufel!

Em=

Emmershofen. Ich versprach meinem Ritter mit ihm zu ziehen, so lange bis wir den Schurken ausfindig gemacht hätten.

Hanns. Ha ha! Jetzt versteh ich schon, wo du hinaus willst. Ich glaube, ich kenne den Ritter. —

Seuberlich. Knechte, wir bleiben diese Nacht bey euch auf dem Burghofe sitzen. Wir können nun schon nicht weiter reisen. Ich will euch die Zeit mit singen vertreiben.

Knechte. Thut das, lieber Alter! —

Seuberlich. Ich will euch ein Lied singen, das ich im Morgenlande gelernt habe. — Doch laßt uns näher an die Schloßmauer sitzen. Mein schwaches Alter kann die scharfe Luft nicht mehr so recht aushalten. (Schlägt die Citbar, sigut.)

Es war einmal ein Ritter fein,
Von ungezähmter Art. —
Es nannten ihn die Meydelein,
Den Ritter ohne Bart.
Der Ritter fieng die Meydelein,
Und zog sie in die Burg hinein,
Das war so seine Art.

\*    \*    \*

Einst haschte er ein Meydelein,
Der Ritter ohne Bart,
Und sperrte in ein Kämmerlein
Die arme Jungfrau zart.

Sie

Sie weinte in dem Kämmerlein,
Und wollte gern in Freiheit seyn,
Verwünschte seine Art.

### Anne singt vom Thurn.

Sie weinte in dem Kämmerlein,
Und wollte gern in Freiheit seyn,
Verwünschte seine Art. —

\* \* \*

Der Ritter brang in sie hinein,
Nach seiner frechen Art;
Sprach: Meydelein, ergieb dich drein,
Sonst quäle ich dich hart.
Allein die Jungfrau trotzte sein,
Verlachte Thränen, List, und Dräun,
Sie hielt ihm Widerpart.

### Anne vom Thurm.

Allein die Jungfrau trotzte sein,
Verlachte Thränen, List, und Dräun,
Sie hielt ihm Widerpart.

Lutz. Alter! Hörst du das Echo? Es ist
Annens Stimme. Sing dein letztes Stücklein.

### Seuberlich singt.

Bald werde ich erlöset seyn,
Weil schon mein Bruder harrt,
Dann schlägt er dir die Rippen ein,
Du Ritter ohne Bart. —
Er schläfert deine Knechte ein,
Und wird der Schwester Retter seyn,
Schon ist er bey der Wart.

Anne.

#### Anne vom Thurm.

O, schläfre seine Knechte ein,
Wenn du mein Bruder solltest seyn,
Du Ritter an der Wart.

Lutz. Nun wohlan dann! In Gottes Na=
men! — Gott wird uns beistehen, weil wir für
seine Sache, für die Sache der unterbrückten Un=
schuld fechten. Dein Schwert heraus, Hanns.

Hanns. Seht ihrs nicht blinken? Sein Blin=
ken ist mir verhaßt! Wenns nur erst in Blut ge=
taucht wäre! —

Lutz. Nicht eher als bis ich dirs gebiete.
( Stößt dreimal ins Horn, seine Knechte antworten
mit einem Trompetenstoß. ) Ha, siehst du, meine
Knechte sind schon da! —

Burgwachen ( von innen ) Feinde! Feinde!
auf!

Lutz. Auf! Hasenberg! Auf! Deine Sün=
den rotten sich wider dich zusammen.

### Zweiter Auftritt.

Vorige, viele Knechte ( stürzen aus der Burg. )

Knechte. Was ists? Was giebts?

Emmershofen. Wollt ihr jetzt den Namen
des schurkischen Ritters wissen, von dem ich euch
vorhin erzählte? Er heißt Veit von Hasenberg,
und der da ist Lutz von Unterstain, dessen Schwe=
ster er entführte. ( Lutz reißt den Bart ab. )

C          Knech=

Knechte. Ha, Lutz.

Lutz. Ja, Lutz bin ich. Mir stahl Veit meine Schwester! Und nun, wenn die deutsche Redlichkeit eurer Vorältern noch in euren Adern fließt, wenn die Tugend noch ihre unsichtbaren Fittiche über euch ausbreitet, wenn sich das Herz des geringsten Deutschen noch empört bey ungerechten Handlungen, so helft mir meine Schwester retten. Eurem Biedersinn überlaße ich mich ganz, und hier werf ich mein Schwert hin! Meine Knechte sollen nicht eher eintreten, und herauf bringen, bis ihr es ihnen gebietet. Wer unter euch ein redlicher Deutscher ist, der rette die Tugend, wer unter euch dem Paniere des Lasters schwur, der stoße mich nieder! Was wollt ihr!

Knechte. Deine Schwester retten. ( alle drängen in die Burg. ) Auf in Thurn, in Thurn!

( alle ab. )

# Dritter Auftritt.

### ( Saal in Hasenbergs Burg. )

#### Hasenberg allein.

Ha was ist das für ein Waffengetümmel! Und wie helle ist es im Burghofe! — Sind es Teufel, die ihre Beute holen wollen? — O du Wesen, dessen ich oft so leichtsinnig spottete, zeige mir nur einen Winkel, wo ich mich ver=

verbergen kann. Ach ich bin verlohren, es ist
Lutz! —

## Vierter Auftritt.

Hafenberg, Anne, Emmershofen, Hanns,
Seüberlich, Knechte.

**Alle.** Stößt ihn nieder!

**Lutz.** Ruhig, ihr Freunde! Wollt ihr den
eines Reuterstod würdigen, auf den schon des
Henkers Strick und Schwert lauert? — Hervor
Verräther! Zeige deine Schurkengestalt! Staunst
du mich an? — Glaubst du, ich hätte durch Ver=
rath deine Veste erobert? — Fluch dem, der das
denkt! — Nur von einem Buben begleitet, kam
ich hieher! — Deine Knechte lieferten dich in
meine Hände! — Durch Sie gab mir Gott meine
Schwester wieder. Nun hab ich sie ohne Schwert=
streich und dein Name ist auf ewig mit Schimpf
und Schande gebrandmarkt. — Wärst du nicht ein
Geschöpf, dessen Abkunft sich von einem Teufel
und einer feigen Unholdinn herschreibt, so würde
ich dich jetzt mit Gewalt wappnen lassen. Aber
so — ( schlägt ihn mit der Hand ins Gesicht, ) so
entehre ich dich auf immer! — Wer je wider dich
sein Schwert zieht, sey verflucht! — Kein Bie=
dermann werde je von deinem Odem angehaucht,
nur der Abschaum der Bösewichter sitze wie eine

C 2                                        Schlan=

Schlangenbrut um dich her. — Die Last deiner
Sünden verfolge dich wie ein Gespenst, und peit=
sche dich aufs verzweiflungsvolle Krankenlager —
kein Freund spreche dir in der Todesstunde Trost
ein, kein Weib drücke dir die Augen zu — das
Hohngelächter der Hölle sey dein Grabgesang! —

( Alle ab. )

Hasenberg allein. Es fehlt einem Manne
doch viel, wenn ihm Herzhaftigkeit fehlt. — Was
man dann nicht alles einschlucken muß! Mir ei=
ne Maulschelle zu geben — mich zu entehren, das
ist doch zu grob! — Warum mußt es denn gerade
bey mir der ganzen Ritterschaft kund werden, daß
ich ein Schurke bin. —

## Fünfter Auftritt.

### Hasenberg, Emmershofen.

Emmershofen. Noch eine Hiobspost an euch,
gewesener Herr Ritter. — Seht nur, das heim=
liche Gericht war so unverschämt diese Ladung an
euer Burgthor anzuschlagen, und drey Spähne
nach seiner Gewohnheit aus dem Thorflügel zu
schneiden. Da habt ihr die Ladung! Kein einzi=
ger Knecht bleibt bey euch in der Burg, sie ziehen
alle mit Lutzen, drum bringe ich sie euch. —

Hasenberg. Das ist brav von dir! — Willst
du bey mir bleiben, ehrlicher Kerl?

Emmers=

Emmershofen. Wozu könntet ihr denn einen ehrlichen Kerl brauchen? Es ist mir lieb, daß es niemand gehört hat, daß ihr mich ehrlich nanntet, sonst könnte meine Ehrlichkeit verdächtig werden.

(Ab.)

## Sechster Auftritt.

### Hasenberg allein.

Mein Verstand steht stille! — Soll ich weinen, oder fluchen bey meinem Unglücke! — Wenns jedem Schurken so unglücklich gienge, wie mir, so würde es mehr ehrliche Leute auf der Welt geben. — Wie wärs, wenn ich ehrlich würde, weils bey mir mit der Schurkerey so schlecht fort will! — Nein — ich will bleiben, was ich bin, will der ganzen Schaar des rechtschaffenen Gesindels ewigen Krieg ankünden, sie necken, wo ich kann. — Bubenstücke nur können mich erheben, Tugend drückt mich nieder.

## Siebenter Auftritt.

### Dazu Berlichingen als Herold, Danneberg.

Berlichingen. Eberhard, Graf von Würtenberg, genannt der Gräner, euer Herr, läßt als Kampfrichter euch seinem Vasallen melden, daß ihr ein ehr-und rechtloser Geselle seyd. Als Kampf=

C 3                     richter

richter befiehlt er euch, heute mit Sonnenaufgang
vor seinem Kampfgerichte zu Kanstatt zu erscheinen.
— Dort soll dann vor der versammelten Ritter=
schaft wegen Bundsbruch, Eidbruch, und recht=
loser Entführung über euch gesprochen werden, was
Rechtens ist.

Hasenberg. (außer sich.) J! lauert vielleicht
noch ein Teufel vor der Thüre, um mich zu mar=
tern?

Berlichingen. Ehrt den Rock, den ich tra=
ge, und den Namen dessen, der mich sendet.

Hasenberg. Ich kann nicht erscheinen.

Dannenberg. Wohl! so werden die Reuter,
die mit uns kamen, im Namen des Kampfgerichts,
eure Burg an allen vier Ecken anzünden und keinen
Stein auf dem andern lassen. — Dieß ist der Befehl,
den ihnen Eberhard euer Herr mitgab, falls sein
Vasall sich nicht stellen sollte. —

Hasenberg. (beiseite.) Was ists denn weiter?
— Den Kopf wird es mich nicht kosten, und meine
Ehre ist ohne dies schon wohlfeil geworden. Er=
laubt mir mich zu wappnen.

Berlichingen. Wir werden euch begleiten. —
( Alle ab. )

Ach=

## Achter Auftritt.

(Eine Herberge in Kanstatt.)

Luß von Unterstain, Emmershofen,
Freundlich.

**Emmershofen.** Lieber Bruder, warum
schmeckt dir denn der Wein nicht? — Du hast ja
deine Schwester wieder, und sie hat männlich aus=
gehalten im Kampfe für Ehre und Tugend. Trau=
erst du vielleicht um dein feines Liebchen?

**Luß.** Freilich, ich hab schon so lange keine
Nachricht von ihr. —

**Emmershofen.** Thorheit, lieber Bruder,
bey der nichts gescheides heraus kommt. Man
verseufzt seine besten Tage, klagt, wenn man tro=
tzen; begehrt, wenn man nehmen sollte. Und wenn
sie denn einen, wie sie sprechen, mit ihrer Hand
beglücken, so ist man Sclave, denn sie wissen gar
fein aus einem tapfern, stattlichen Ritter einen
geduldigen Buben zu machen, der ihnen, in ge=
heim, die Schleppe nachtragen, die Haare streh=
len, und das Getränke kredenzen muß.

**Luß.** Hast du je geliebt?

**Emmershofen.** Ja, aber bey meiner Liebe
blieb ich immer lustig und gesund. Wenn ich Ger=
truden meine Liebe antrug, und sie sagte, ich mag
euch nicht, so wischte ich mirs Maul, und gieng

wei=

weiter zu Adelheiden, und küßte diese mit eben der
Innbrunst, als ich Gertruden geküßt haben würde.
— Glaubt mir: Weiber sind wie Wachs, bleibt
das Feuer der Liebe in ehrfurchtsvoller Entfernung,
so bleiben sie hart, kommt aber ein rothwangichter
Bübe mit Wärme und Feuer ihnen nahe, so zer=
schmelzen sie. —

Lutz. Meine Ada schmilzt so leicht nicht.

Emmershofen. Vielleicht ist sie von festerer
Komposition. Glaubt mir lieber Lutz. — —

Freundlich. Lutz — Ja, meiner Seele ihr
seyds ja! — Willkommen lieber Lutz! — tausend
Grüße von eurer Ada! —

Emmershofen. Das ist ja Meister Freund=
lich! — Willkommen! —

Freundlich. Ich kenn euch nicht! — Wer
seyd ihr denn? —

Emmershofen. Ein Geheimniß. —

Lutz. Nun lieber Meister, erzähl mir, was
macht meine Ada, was spricht sie?

Freundlich. Nur von euch lieber Lutz. —

Lutz. Nu da siehst du, da hörst dus?

Emmershofen. Das beweist noch nichts! —
Kunegunde wird auch von mir sprechen. Kennt ihr
Kunegunden von Liebenstein?

Freundlich. Was sollt ich die nicht kennen?

Emmers=

**Emmershofen.** Spricht sie nicht immer von ihrem Ritter Emmershofen, der vor acht Jahren nach Paläſtina zog?

**Freundlich.** Ich hab nichts gehört. — Jetzt ſieht man ſie ſelten, weil ſie immer bey dem jungen Dornberg ſteckt, der ihr Buhle iſt. —

**Emmershofen.** Nu, da haben wirs! — O du betrügeriſches, leichtſinniges Geſchlecht! — Siehſt du nun Lutz, was ich ſagte; ſie ſind wie Wachs, kommt ihnen Feuer in die Nähe, ſo ſchmelzen ſie. Gut, daß mich hier noch niemand kennt — ich will ſie entlarven die Treuloſe — ich will ſie in ihrer Blöße darſtellen, daß die Stallbuben Lieder über ihren Wankelmuth ſingen ſollen. Komm Lutz, komm — ich muß freye Luft haben! —

**Freundlich.** Wohin denn ſo eilig? nehmt mich doch auch mit! Ich hab euch viel zu ſagen.— (Geht ihnen nach.)

## Neunter Auftritt.

### Freyer plaß des Kampfgerichts.

(Auf einem erhabenen Orte iſt der Stuhl für den Kampfrichter, rechts und links tiefer ſind die Kampfbeiſißer, vorne ſtehen zwei Kreiswärtel und ein Herold, hinten vor dem Kampfrichter iſt eine Lanze aufgerichtet.)

Graf

Graf Eberhard, Lutz von Unterstain, Philipp von Berlichingen, Hanns von Ullberg, Emmershofen, Danneberg, Hasenberg, viele Ritter, Kunz, Hanns, mehrere Knappen.

Gr. Eberhard. Ihr alte versuchte Kampfhelden, macht mich weis, wie ich ein wahres, ächtes Rittergericht halten soll, als es Sitte ist, und alten Herkommens. —

Dannenberg. Du sollst es mit Bann (und Geleit hegen und handhaben.

Gr. Eberhard. Veit von Hasenberg, gebrüderter Ritter, und Vasall derer zu Würtenberg, trete vor das Rittergericht.

Hasenberg. ( Tritt vor. )

Gr. Eberhard. Ihr seyd vor dem Rittergericht angeklagt: erstens des Jungfernraubs. — Die Zeugen mögen hervortreten!

Lutz v. Unterstain. Des bin ich Zeuge als gutbürtiger Ritter. —

Emmershofen. Und ich bins Zeuge, wenns Noth thut.

Ullberg. Und ich bin des Zeuge, wenns hoch Noth thut.

Eberhard. Vertheidige dich. Kannst du dich reinigen durch siedendes Wasser, oder glühendes Eisen, oder sonst ein Mittel? —

Hasen⸗

Hasenberg. (Verstummt.)

Kreiswärtel, schlägt dreimal an die Lanze.

Eberhard. Ritter Veit von Hasenberg, du bist angeklagt auf dreifaches Aufgebot beim Kampfgerichte zum Kampfe gegen den edlen Ritter Lutz von Unterstain nicht erschienen zu seyn. Wo sind die Zeugen?

Dannenberg. Zu Zeugen des gelobt die gesammte Ritterschaft, die zum Kampf geboten war, einen gestabten schweren Eid, falls ers leugnen sollte.

Eberhard. Vertheidige dich!

Hasenberg. (Schweigt.)

Der Kreiswärtel schlägt dreimal an die Lanze.

Eberhard. Ritter Veit von Hasenberg, du bist drittens angeklagt, bei der Aufforderung zur Fehde gegen die Kunnersdorfer nicht erschienen zu seyn. Wo sind die Zeugen?

Lutz v. Unterstain. Dies bezeugen alle verbündete Ritter und Brüder im Einhorn, wenns Noth thut.

Eberhard. Vertheidige dich!

Hasenberg. (Schweigt.)

Der Kreiswärtel schlägt dreimal an die Lanze.

Eberhard. Du bist also eines dreifach schweren Verbrechens überwiesen, deren eines dich schon der Ritterwürde unwerth macht. — Kreiswärtel, reiche dem Kampfhelden den Helm. Ihr Helden und

ver=

verſuchten Kämpfer, entſcheidet nach Recht und Ge=
wiſſen, ſo wahr euch Gott in der letzten Noth hel=
fen wolle. — (Der Helm geht herum, und kommt
zuletzt wieder zum Kampfrichter.) Sechs ſchwarze
Looſe ſprechen zu deinem Urtheile, eines begünſtigt.
Kannſt du nichts zu deiner Ehrenrettung anbringen?

    Haſenberg. (Schweigt.)

    Kampfrichter Eberhard. Nachdem der
Ritter Veit von Haſenberg der Ehrloſigkeit, des
Mädchenraubes, und Wortbruches überführt wor=
den, ſo nehmen wir von ihm alles Recht, und ſe=
tzen ihn in alles Unrecht, und ſtoſſen ihn aus der
Zahl der edlen deutſchen Ritterſchaft. Sein Schwert
werde zu ſeinen Füſſen zerbrochen, ſein Wappen
herabgenommen und zerſchlagen, ſein Harniſch ihm
ausgezogen, an den Schweif einer Stute gebun=
den, und durch die Gaſſen in Koth geſchleift. —
Auf ewig trage ſein Name die Verachtung der ed=
len deutſchen Ritterſchaft! —

    Dannenberg. Man ſtoſſe die Schranken um,
und laſſe den Henker zu ihm tretten, man läute
die Todtenglocke über ihn! — (Während dem, daß
2 Knappen ihm den Helm abnehmen, und den Harniſch ausziehen, wirft der Kreiswärtel ſein Wappen
herunter, der Scharfrichter zerbricht es, und wirft
die Stücke weg, er zerbricht ſein Schwerd, und tritt
es mit Füſſen, der Herold gießt Waſſer über den
begradirten Ritter, dann tritt alles von ihm weg,
der Scharfrichter bindet ihm einen Strick um den

                         Hals

Hals, und giebt ihm 3 Schläge mit einem Stock
auf den Rücken, dann wird er fortgeführt, auffer
dem Kreife auf eine Bahre gelegt, und weggetragen.)

Dannenberg. Ist keiner hier, der Veit von
Hafenberg heißt?

Kampfrichter Eberhard. Nein, kein deut=
fcher Ritter führt den Namen eines Mädchenräu=
bers.

Dannenberg. Ist keiner hier, der Veit von
Hafenberg heißt?

Eberhard. Nein, kein deutfcher Ritter führt
den Namen eines Meineidigen.

Dannenberg. Ist keiner hier, der Veit von
Hafenberg heißt?

Eberhard. Nein, kein deutfcher Ritter führt
den Namen eines Ehrlofen.

Dannenberg. Kampfrichter! habt ihr das
fchwere Rittergericht nach Recht und Gerechtigkeit
gehegt und gepflegt?

Eberhard. Nach Recht und Gerechtigkeit.

Dannenberg. Ist kein Ritter unter euch, ihr
mannbare und femperfreye Männer, der eine Kla=
ge gegen einen andern hat? Er trette hervor, und
erfcheine auf den dritten Trompetenstoß. (Der
Herold stößt dreymal in die Trompete. Alles ist
ftille!)

Eberhard. Nun alfo ihr edeln Ritter, und
freien Männer Deutfchlandes, fo laßt uns dies
ehr=

ehrbare und öffentliche Reichs = und Rittergerichte
schließen. Ein jeder hüte sich für Unglück, und
spiegle sich an der Strafe, die unsre Vorältern auf
Mädchenraub, Ehrlosigkeit, und Meineid gesetzt
haben. — Ein jeder, der da steht, sehe wohl
zu, daß er nicht falle.

(Alle ab.)

## Zehnter Auftritt.

### (Die Bühne ist ein Zimmer in Stuttgard.)

### Ada, Freundlich.

Freundlich. Wie ich euch sage, edles Fräu=
lein, ich habe euren Lutz in Kanstatt gesehen und
gesprochen, er sieht recht gut und mannlich aus.
Er zankte mit einem andern Ritter über die Treue
der Weiber beym Wein.

Ada. So sind die Männer! — Nur beim
Weine denken sie an ihr Liebchen. — Sonst ist
ihnen jedes Turnier lieber. —

Freundlich. Euer Vater hat ein Bann=und
Rittergericht gehalten, der von Hasenberg ist sei=
ner ritterlichen Würde entsetzt worden.

Ada. Hat ihn endlich die Strafe des Him=
mel ereilt? Glaube mir Meister Freundlich, an un=
serm Hofe sind auch einige, die den Namen ei=
nes Ritters zur Schande tragen. (Man hört Trom=
peten

peten und Pauken) Aha! mein Vater kommt schon,
die müßen weidlich geritten seyn. — Komm mit
mir Alter, laß uns für ihn etwas zum Anbiße
bereiten.

(Ada mit Freundlich ab.)

## Eilfter Auftritt.

### Eberhard, Dornberg.

**Eberhard.** Der Lutz von Unterstain ist euch
lange schon ein Dorn in den Augen, Herr Mar=
schall.

**Dornberg.** Nein gewiß nicht, gnädiger Herr
Graf. Haltet ihr mich denn für Lutzens Feind? —

**Eberhard.** Für seinen Freund wird euch der
nicht halten, der euch nur eine Stunde kennt. —

**Dornberg.** Ich rathe euch nur auf euere
Tochter Acht zu geben. Sie liebt Lutzen mehr,
denn euch.

**Eberhard** Das ist ja recht! das Sprich=
wort sagt: Vater und Mutter werden die Buhlen
verlaßen, und am Liebchen hangen. Ach da ist
sie ja, meine liebe Tochter!

## Zwölfter Auftritt.

### Vorige, dazu Ada, Freundlich.

**Eberhard.** Komm her, gieb mir einen Kuß,
denke, du küssest deines Lutzens braune volle Wan=
gen,

gen, denn wird dein Kuß warm und feurig seyn. Liebe süsse Dirne, deine Küsse pressen immer Thränen aus diesen vertrockneten Quellen. Wenn du so mit deinen Rosenlippen die Runzeln meiner Sorgen wegküssest, wenn dein Auge so emsig sucht, wo noch irgend ein Gram in einer Stirnfalte sich verborgen hat, um ihn wegzuscheuchen, dann denk ich immer an mein seliges, freundlichliebes Weib. — Wen Gott lieb hat, dem geb er so einen Schatz. —

Ada. Aber meine Mutter liebte euch auch dafür recht sehr. Als Kind weinte ich oft Freudenthränen mit ihr, weil sie weinte. Wenn ihr aus Turnieren und Schlachten zurückkamt, sie nach eueren Wunden fragte, sie verband, und Gott dankte, daß er euer Leben rettete, o da ward mir so wohl, so weich ums Herz, da fühlte ich das unbeschreibliche Glück, Eltern zu haben, die sich lieben. —

Eberhard. Du sollst auch bald deinen Lutz haben. — Wenn ich dich einst so am Busen deines Mannes sehe, wenn du ihn nach dem Kampfe entwappnest, ihm den Schweiß von der Stirne trocknest, dann dich seinen Armen entreissest, ins Nebengemach rennest, und nun deinen kleinen Buben Eberhard (denn Eberhard muß er heißen, wie dein Vater) so auf den Armen deinem Manne entgegen trägst, er dem Vater die Wangen streichelt, und im Spiegel des polirten Harnisches noch einen Bruder zu sehen glaubt,

glaubt, dann liebe Kinder, dann küsset den alten
Eberhard! — Und ich will mich niederlegen, und
in euren Armen sterben.

Ada. O lieber Vater! der Tod würde sich in
dem Augenblicke fürchten, Hand an euch zu legen.

Eberhard Gott gab mir seinen besten Segen
in dieser Welt, ein braves Weib und gute Kin=
der. — Euer Eberhard muß mir, sobald er gehen
kann, reiten und fechten lernen. Mein Vetter in
Norden, Graf Halbegast, muß mir einen kleinen
nordischen Gaul schicken, drauf muß mein Enkel
reiten. Hopp! hopp! trapp! trapp! Und ich Al=
ter stehe dann da, guck ihm nach, und danke dem
Himmel für den kleinen Reuter, den er meiner
Tochter gegeben hat. Gelt liebe Tochter, ich bin
wieder einmal närrisch! —

Freundlich. Herr Graf, singen müßt ihr dem
Kleinen lernen lassen, sobald er reden kann, sonst
wird nichts aus dem Buben. Ein Mensch
der nicht singen kann, ist auf der Welt zu nichts
nuße. — Denn wer nicht singen kann, dem
schmeckt auch der Wein nicht, und wem der Wein
nicht schmeckt, der ist gar kein Mensch. —

Eberhard. Nu ja, er soll singen lernen, du
selbst sollst ihn unterweisen. Tugend und Tapfer=
keit erbt er mit dem Blute. — Ada, gieb mir ei=
nen Kuß darauf.

D                          Ada.

Ada. Aber lieber Vater, krieg ich meinen Lutz nicht bald? — He Dornberg!

## Dreyzehnter Auftritt.

### Vorige, Dornberg.

Dornberg. Was befehlt ihr, gnädigster Herr?

Eberhard. Mein Seckelmeister soll dem Lutz durch einen Boten 300 Gulden schicken. Er wird noch in Kanstatt seyn. Aber gleich muß er zu mir reisen, wir wollen Hochzeit machen. — Schreibt auch ein Handbrieflein dazu, Dornberg, richtet es aber recht lieblich ein! —

Dornberg. Gut, gnädiger Herr!

(Dornberg ab.)

## Vierzehnter Auftritt.

### Vorige, ohne Dornberg.

Eberhard. Die ganze Burg soll in 24 Stunden von Trommeln und Pfeifen wiederhallen. — Ich hab auch eine neue Donnerbüchse von Nürnberg bekommen, die wollen wir krachen lassen.

Freundlich. Ich will fünf Meistersänger bestellen, von denen jeder 50 Mährlein zu singen weiß, und ich will alle meine neue Trinklieder auch dabey hören laßen. — Ich hab jetzt ein neues Trinklied

lieb von einem frommen Waldsbruder bekommen;
hört, man darf es nur singen hören, so trinkt
man, ohne durstig zu seyn. O das soll eine
Hochzeit werden.

Eberhard. Kommt Freundlich! geht mit mir.
Aba besorge die Küche, und du Freundlich, du
sollst die Weine aussuchen.

Freundlich. Nu, da bin ich an meinem
Platze. Im Keller bin ich in meinem Element,
weil einem so die beste Essenz in die Nase düftet.
(Geht ab, und singt:)

Mihi eſt propoſitum in taberna mori,
Vinum ſit appoſitum morientis ori. —

## Fünfzehnter Auftritt.

(Die Bühne ist das Gastzimmer der IX. Szene
des II. Akts.)

### Hanns, Lutz, Emmershofen.

Hanns. So eben brachte ein Reuter diesen
Brief von Grafen Eberhard aus Stuttgard. Sein
Roß war über und über mit Schweiß bedeckt.
Er ritte gleich hieher. —                (ab.)

Lutz. Was mag das wohl seyn?

Emmershofen. Eine Hiobspost, — schlech=
te Nachrichten kommen auf Flügeln der Winde,
gute Zeitung mit der Schnekenpost.

Lutz.

**Lutz.** Les mir ihn vor! —

**Emmershofen.** (Liest.)

„ Vaterkuß, und Ritterhandschlag zuvor! Inlie-
„ gender Brief ist mir von unbekannter Hand zu
„ geschickt; er enthält viele Verkleinerungen Eures
„ guten Leumunds. — Ich hoffe daß ihr euch
„ drüber rechtfertigen könnt. — Früher kommt
„ nicht vor Augen dem beleidigten Grafen Eber-
„ hard von Würtenberg. „

**Lutz.** Pest, und alle Hölle!

**Emmershofen.** Eberhard verstattet dir Rechtfertigung. Dies sollst du ihm Dank wissen. Nun
höre den Einschluß! —

„ Ein Mann hatte eine Pestbeule an sich —
„ man rieth ihm zur Kur, er achtet nicht drauf
„ — sie grief um sich — der ganze Körper wur-
„ de angesteckt — der Mann starb, und seine Nach-
„ kommenschaft war siech. Der Mann, Eberhard!
„ seyd ihr. — Die Pestbeule ist Lutz von Unter-
„ stain, der eure Ada kriegen soll, — ein Mensch,
„ der heimlich den Dolch des Meuchelmörders
„ führt, eine Geißel der Wittwen und Waisen,
„ ein Mädchenräuber. Hütet euch vor ihm! —

**Lutz.** Das ist erlogen, das steht nicht drinn! —

**Emmershofen.** Erlogen! Lutz, du hast da
ein Wort gesprochen, das nur durch Blut wieder
gut gemacht werden kann.

**Lutz.**

**Lutz.** Ja, wenn ihr wollt! (schlägt sich vor die Stirne.) O verzeih mir Blutbruder! dies teuflische Blatt machte mich wahnsinnig. Tödte mich, o Himmel, wenn dies Blatt Wahrheit spricht, zerschmettre mich, wenn ich der nichtswürdige Bube bin. Wer wärst du, wenn du einen solchen Auswurf der Menschheit im Staube kriechen ließest?

**Emmershofen.** Siehst du, was man der Weiber wegen oft hören muß. Mäßige dich jetzt — Tod und Hölle sey dem Urheber dieser Verleumdungen geschworen — ich stehe dir ritterlich bey.

**Lutz.** Bring mir den Herold, Emmershofen! — Er soll diesen Schandbrief auswendig lernen, und laut an des Kaisers Hofe hersagen — und dann will ich jeden deutschen Ritter zum Beweise auffordern. Ich eine Geisel der Wittwen und Waisen? — Ich eine giftige Beule am Körper der Ritterschaft? — O daß ich tausend Stimmen hätte um diesen verfluchten heimtükischen Ehrenräuber vor Gottes Gericht zu rufen! — Vater im Himmel! nur einen Tropfen aus dem Becher deiner Allwissenheit mir, daß ich den meuchelmörderischen Buben entdecke! Vergeben kann ich ihm nicht, und wenn er mein Bruder wäre; bluten, sterben soll er, und erst wann er in Todesnoth zu Gott um Gnade bittet und seine Verleumbungen wider-

D 3

widerruft, dann will ich ihm die schwere Reise in
die andere Welt mit meiner Vergebung erleichtern.

(Ab.)

## Dritter Aufzug.

### Erster Auftritt.

( Zimmer in Stuttgard. )

### Eberhard, Ada, Dornberg.

Eberhard. Ja, ja, wie ich dir sage, liebe
Ada, bald hättest du deinen Vater nicht mehr ge=
sehen.

Ada. Ihr habt mich so erschreckt lieber Va=
ter, daß ich kaum zu mir selbst kommen kann. —
Sagt, wer waren denn die schändlichen Böse=
wichter?

Eberhard. O daß ich dir dies sagen muß,
gutes Kind! — Daß ich dein Herz niederschlagen
soll mit der schrecklichen Mähre. — Höre also:
Lutz dein Bräutigam ist für dich und mich verloh=
ren. — (will ab.)

Ada.

**Ada.** Um Gotteswillen Vater, redet, ist er tobt? Ihr könntet mich in diesem schrecklichen Augenblicke, der mir alles raubt was die Welt reizendes für mich hat, allein lassen? Sagt, ist er tobt?

**Eberhard.** Für dich tobt, für mich schlimmer als tobt. Der Glattzüngler der!

**Ada.** (ist außer sich.)

**Eberhard.** Weine nicht liebe Ada, du sollst dir einen andern Bräutigam wählen, wir wollen miteinander im ganzen deutschen Vaterlande herumziehen, und suchen, und wann dir ein Mann gefällt, sey es auch der niedrigste im Volk, so will ich ihn auf den Knien bitten, daß er dich heurathe. — Ich muß — ich muß noch vor meinem Ende Enkel sehen. — Weine nicht Ada, diese alten Augen können nicht mit dir weinen, ihre Quellen sind bald vertrocknet.

**Ada.** Vater ich will mir meine Augen ausweinen! Lutz ist tobt! —

**Eberhard.** Tobt? — Ich wollte baarfuß gen Jerusalem wallfarten, wann er tobt wäre. Liebe Ada, sey ruhig, du bist des schönsten Ritters werth. Tobt? Wohl ihm, wenn er tobt wäre, wenn seine Rechtschaffenheit sich mit ihm ins Grab gelegt hätte! — Fluch, tausendfacher Fluch über ihn! Nein! Du lieber Gott verzeihe! Fluchen will ich keinem Menschen, aber kriegen soll er dich doch

D 4       nicht

nicht. Ich will ein stattliches Turnier außschreiben laßen , dann sollst du dir den besten Bulen wälen.

Dornberg, Graf Eberhard , ich bin ja auch da. —

Eberhard. Ja so — ich hätte beinahe vergeßen , daß ihr auch ein Mann seyd! — Nehmt mirs nicht übel. — Dornberg hat mich gerettet! — Dornberg soll auch deine Hand haben. —

Ada. Um Gotteswillen Vater , was kann denn der arme Lutz dafür , daß ihr von Räubern angefallen worden seyd.

Eberhard. Hab ich dirs denn nicht gesagt? — es waren seine Knechte, sie trugen blaue Feldröcke mit rothen Binden. —

Ada, Gott, Gott sollte es möglich seyn! — Lutz untreu an seinem Vater , falsch gegen seine Braut! Wenn so ein redliches Gesicht lügen kann, so will ich auch keinem mehr trauen , und wenn ein Engel vor mich hinträte und spräche : Dies Gesicht ist der Spiegel des rechtschaffensten Herzens. O Vater, Vater! wenn ich doch jetzt ein Mann wäre, ich wollte mich wappnen , hinziehen zu ihm, und mit der Stimme des Weltgerichts ihm zuschreien: Lutz , Lutz! hat dich deine Rechtschaffenheit verlaßen ? — ( Sie reißt ihre Schärpe ab. )

Eberhard,

**Eberhard.** Liebe Tochter was ift dir? —
Warum reißeft du deine Schärpe ab?

**Ada,** ( wie im Wahnfinn. ) Siehft du nicht
Vater, fie hat Lutzens Leibfarbe — Blau! —
O warum nahm ich nicht Hanf ftatt diefer feidnen
Fäden um ihn vor dem erften Kuße zu erbroßeln. —

**Eberhard.** Tochter! Tochter! Sey nicht fo
ungeftüm. Die Hand eines andern Biedermannes
kann dich noch glücklich machen. Dornberg , ich
habe euch noch nicht für eure Hülfe gedankt. Ada!
diefer Mann rettete mir mein Leben, deine Hand,
deren Lutz unwerth ift, mag ihn dafür bezahlen. —

**Ada.** Vater, Vater , was beginnt ihr? —
Dem Löwen reißt ihr mich aus den Klauen, und
wollt mich dem hungrigen Tyger in den Rachen
werfen? — Bey euren grauen Haaren , bey dem
theuren Andenken eures reblichen Weibes , bey al=
lem was im Himmel und auf Erden heilig ift,
bitte und befchwöre ich euch) — macht mich nicht
unglücklich! — Lutz ift mein — ich habe ihm
feyerliche Liebe zugefchworen , und will meinen
Schwur halten, — Ihn — oder das Grab! —
O Vater ! meine ftille Thränen würden euch dort
wider meinen Willen anklagen — mein rothgewein=
tes Auge euch die Stunde des Hinfcheidens ver=
bittern! Macht mich nicht unglücklich, mein Vater.

**Eberhard.** Steh auf, liebes Kind — lieb
wärs mir gewefeu, wenn ich vor meinem Ende

noch)

noch Enkel geſehen hätte, aber zwingen will ich
dich nicht. Ermuntre dich — unſre ritterlichen
Gäſte werden bald kommen, daß du ſie mit hei=
trer Mine empfangen kannſt. Dornberg! ( leiſe zu
ihm. ) Ihr ſeyd ein Mann, verſucht euer Glück
ſelbſt. ( Geht ab. )

## Zweiter Auftritt.

### Ada, Dornberg.

**Dornberg.** O reizendes Fräulein, dürft ich
meine That zum Fürſprecher meiner heißen Liebe
zu euch machen? —

**Ada.** Ritter! eine Wohlthat für die man
Bezahlung fordert, hört auf, Wohlthat zu ſeyn.

**Dornberg.** Ich würde eure Hand nicht als
Bezahlung, ſondern als unverdiente Gnade von
euch nehmen.

**Ada.** Dornberg, ſeht mich an Aug in Auge!
— Iſt Lutz ein Verräther? Sprecht als ob wir
vor Gottes Richterſtuhle ſtünden! Warum ſchlagt
ihr die Augen nieder? Iſt Lutz ein Verräther?

**Dornberg.** (Verwirrt.) Ja! —

**Ada.** O wenn ihr euch doch jetzt ſelbſt ſehen
könntet wie verächtlich ihr da ſteht. Und ihr wollt
Lutzen an die Seite tretten. Ein Zaunkönig will
mit dem Adler kämpfen. Die Nachteule mit der
Nachtigall in die Wette ſingen? Ihr treibt Buhl=

ſchaft

schaft mit Kunegunden, und wagt es um meine
Hand zu freyen. — Wühlt im Schlamme, in
dem ihr gebohren seyd, mir seyd ihr verächtlich!
— Geh eingebildeter Thor! und wiße, daß wenn
auch Lutz meiner Hand unwerth wäre, ich doch
zu stolz seyn würde, sie an dich — Gedanken von
einem Manne, — wegzuwerfen. —

(Geht ab.)

## Dritter Auftritt.

( Garten in Lutzens Burg.)

### Emmershofen allein.

O Weiber! Weiber! daß euch Gott das Un=
recht in Gnaden vergebe, das ihr uns zufügt. —
Verantworten könnt ihrs nicht. Da liebeln sie
mit dem Manne, schniegeln und bügeln ihr Wam=
mes, daß es ihnen nur recht glatt an den Leib
liegt, als wenns dran gewachsen wäre, tragen
Schuhe, daß man glauben sollte, sie wären an=
gedrechselt, machen den Busenschleyer durchsichtig
wie Glas, und lächeln alle Augenblicke, daß man
das Grüblein in den Wangen, die schöne weiße
Zähne sehen kann, bis sie den Buhlen haben, ist
er erst ihre — und bleibt nicht das ewige Echo
seines Weibs — dann legt sich das Gesichtlein in
Falten, der schöne Mund wird schief und nicht

lange

lange bauert es, so kriegt der Ritter in Gnaden seinen Abschied.

## Vierter Auftritt.

### Anne, Ullberg, Emmershofen.

Emmershofen. Ha! da kommt wieder ein liebendes Paar, bey dem der Himmel voller Geigen hängt. Grüß euch Gott, liebes Paar! —

Anne. Schönen Dank, lieber Emmershofen! — Wo ist denn mein Bruder?

Emmershofen. Dort sitzt er im Dickicht — der arme Junge bauert mich. — Bald sieht er vor sich hin, bald lacht er, bald weint er, und geberdet sich als wenn er wahnsinnig wäre. — Die Liebe richtet viel Unheil in der Welt an.

Ullberg. Macht aber auch viel Glückliche!

Emmershofen. Gesegne euchs Gott — wünsche daß es ewig baure. —

Ullberg. Glaube mir, es ist schön, wenn das Weib dem Manne ewig Treue schwört.

Emmershofen. Noch schöner, wenn sie den Schwur hält. —

Anne. Glaubt ihr, daß ich meineidig werden könnte?

Emmershofen. Ich rede ja nicht von euch — ihr seyd eine gute liebe Seele. Eures Vaters,

eures

eures Bruders biedres Blut rollt in euren Adern.
— Es giebt treue Weiber — ich weiß es — aber
man muß sie mit der Brille suchen.

Anne. Und eure Kunegunde — was macht
sie denn? —

Emmershofen. Was sie macht, möcht ich
nicht untersuchen! — Das wird Dornberg ihr
Buhle am besten wißen. Sie lebt jetzt bey Hofe,
und läßt sich wohl seyn. — Das Dahlen und
Kosen geht freilich so lange die liebe Mutter Natur
die Schminke auf die Haut streicht. — Aber im Alter siehts traurig aus, wenn sich so allmählich
alle Farben des Regenbogens auf der Haut ein-
finden. — Dann nimmt man eben der Natur den
Pinsel aus der Hand, und mahlt sich selbst. —

Anne. Ihr seyd also jetzt ein erklärter Feind
unsers Geschlechts?

Emmershofen. Nein, Feind nicht, aber
auch nicht Anbeter! —

Anne. So werdet ihr also nie die Fesseln des
Ehestandes tragen?

Emmershofen. Nein, so lange ich fühlen
kann, daß es Fesseln sind.

Anne. Auch nicht die leichtern Bande der
Liebe?

Emmershofen. Gift bleibt Gift, und wenn
ich es aus einem goldnen Becher trinke. Ich habe meine Erfahrung bey Weibern theuer bezahlt.

Anne.

Anne. Vieleicht wart ihr selbst Schuld, daß ihr so viel zahlen mußtet.

Emmershofen. Es ist möglich, um desto mehr werd ich mich hüten bey euch ferner etwas einzukaufen. Ach da kommt mein armer Lutz! Liebe Schwester, laßt mich mit ihr allein , ihr wißt daß schon der Anblick eines Weibs ihn außer Faßung bringt, und wenn ihr gleich zehnmal seine liebe Schwester seyd. --

Anne. Nein ich muß bleiben , ich und Ullberg wollen ihm Trost zusprechen. — Von Ullbergen hört er viel an. —

## Fünfter Auftritt.

### Lutz, Hanns, Ullberg, Emmershofen, Anne.

Lutz. Hier will ich mich niedersetzen, hier ists kühl, und die Sonne brennt mir nicht so sehr ins Gehirn. Hanns, hol mir Waſſer. (Hanns ab.) Emmershofen, bist du da? Gieb mir mein Schwert wieder, es wird noch heiß hergehen, ehe es Nacht wird. Hanns kommt mit Waſſer.

Lutz. Reines Waſſer wollt ich! — Wozu soll das Blut drinn seyn? Hab ich nicht schon Blut genug getrunken? (trinkt aus) Hol mir reines Waſſer. (Hanns ab.)

Lutz. Willst du mich fangen, daß du mir Wein bringst. Emmershofen , du hatteſt recht in

Stutt-

Stuttgard, es ist betrügliche Waare um die Wei=
ber. Ha ha ha ha! O ich bin leicht zu betrügen,
ich bin zu ehrlich.

Anne. Soll ich dich entwappnen, lieber Bru=
der. —

Lutz. Damit du mich rücklings niederstossen
kannst? —

Anne, Lieber Lutz! Du thust mir weh! Ich
bin deine Schwester.

Lutz. (Sieht sie starr an.) Ja so! — (wei=
nend.) Vergieb mir, ich glaubte, es wäre Aba!

Anne. Und gegen deine Aba hast du solchen
Verdacht! —

Lutz. (Springt wütend auf.) Beim Teufel!
Ich erwürge den auf der Stelle, der sie ferner
mein nennt. (freundlich.) Aber der alte Mann dort
im Winkel dauert mich. — Er ist mit Ehren grau
geworden, und kann mich doch nicht ansehen,
ohne daß die blassen Wangen sich von Scham=
röthe färben. Es muß ihm weh thun, wenn er
auf der Gassen geht, und die Buben mit Fingern
auf ihn zeigen, und sagen: der dort hat eine
mannbare Tochter und kann ihr nicht einen Bräu=
tigam verschaffen. (wild) Wer sagt, daß Lutz
von Unterstain ein Schurke ist? —

Hanns. Hats jemand gesagt; den soll ja
gleich das Donnerwetter —

Anne.

Anne. Gütiger Gott! mir wird Angst und bange. Lieber Bruder, soll ich den Arzt. —

Lutz. Laß mir ihn vom Leibe! — Mir kann niemand helfen als Gott durch ein treues Weib. — (zu Annen, wütend) Fliehe — Weib — fliehe! — Du bist eine Schlange die mit Goldfarben spielt und Gift speiet.

Emmershofen. O Weiber! O Weiber!

Lutz. Ich liebte sie so herzlich, so liebte noch kein Mann — Und sie kann mit Dornberg bulen. —

Emmershofen. Glaub doch das nicht. — Es ist Lüge — Dornberg buhlt ja um meine gewesene Geliebte; zwey Weiber wird er sich doch nicht nehmen wollen.

Lutz. Das ist eben das schändlichste. — So ein Schandbube bult mit zehn Weibern, um sie alle zu betrügen.

Emmershofen. Ich muß sehen, daß ich ihn auf andre Gedanken bringen kann. — Höre Lutz! du liessest dich ja wappnen, wolltest du denn nicht zum Turnier nach Augsburg ziehen? —

Lutz. Ist denn ein Turnier zu Augsburg?

Emmershofen. Ja, der Fürst von Augsburg hat einen güldenen Helm zum Dank ausgesetzt. — Es geht heiß drum her — und viele Ritter, die unsre Straße vorbeizogen, sagten mir,

daß

daß die Franzmänner die Lanzen unsrer deutschen
Ritter zusammen knickten, als wären sie Binsen. —

Lutz. Was? diese Ritter sollten einen deutschen
Dank mit sich nach Paris zerren! — Nein, das
wird nicht geschehen so lange noch deutsches Blut
in mir wallt. —

Emmershofen. Seht ihr Anne, das schlägt
gut an. — (zu Lutz.) Lieber Lutz! ich reise nach
Kanstatt, gebt mir eine Rüstung: als Minnesän-
ger aus dem gelobten Land will ich mich bey dem
festlichen Male des Grafen unter die andern mi-
schen, und hören und sehen wie sich Kunegunde
und Ada beträgt. Hier, Bruder im Einhorn! hast
du meine Hand, so wahr ich dein Blutbruder
bin, du sollst Wahrheit erfahren. —

Lutz. Und ich sitze auf nach Augsburg. Mein
Arm zittert nach dem Handgemenge des Turniers.
— Lebe wohl Anne, entweder zieh ich mit Ehren,
mit dem Danke des Turniers nach Hause, oder
die Kreiswärtel legen meinen Leichnam in den
Schranken auf die Bahre. — Schenke dann deinem verblichnen Bruder eine schwesterliche Thräne,
und versammle meine Gebeine zu der Asche meines
reblichen Vaters. Lebt wohl!

(Alle ab.)

## Sechster Auftritt.

( Groſſer Saal in Eberhards Burg. )

Eine groſſe gedeckte Tafel mit Humpen, und Pokalen gefüllt, rings um Stühle, auf dem Tiſche Auffäße.

Wipprecht von Gültlingen, Philipp von Ber= lichingen, Dornberg, Graf Eberhard, Ada, Kunegunde, Dannenberg, ſißen um den Tiſch, mehrere Ritter und Damen zur Seite, die Knappen bedienen. Vorne ſtehen Meiſter Freund= lich und Seuberlich, und andre Minneſänger mit Cithern, Lauten und Harpfen.

Eberhard. Die Gefahr iſt überſtanden! — Luſtig ihr Ritter, heut wollen wir uns bene thun!

Berlichingen. Ich kann die Geſchichte gar nicht glauben. Der biedre Luß kann nicht ſo han= deln.

Eberhard. Ich hätt es auch nicht geglaubt, wenn nicht die Menſchenräuber alle ſeine Farbe getragen hätten. Dornberg rettete mich, und ich kann ihm zum Lohne nichts beſſers geben, als meine Tochter.

Gültlingen. Arme Kunegunde, hätteſt du deinen Emmershofen behalten, und an das alte Sprüchwort gedacht: Ein Sperling in der Hand iſt beſſer als eine Taube auf dem Dache.

Freundlich.

Freundlich. Wenn ich euch bitten darf, Dornberg, so erzählt mir doch die Geschichte auch, ich will mirs auf ein Lied setzen.

Dornberg. Sechs von Lutzens Reutern mit seiner Farbe und seinen Binden überfielen unsern Herrn in seinem Lustwalde, und wollten ihn er= morden. Zu meinem Glücke konnte ich dadurch zu seiner Rettung beitragen, daß ich einen von den Meuchelmördern niederwarf, und die andern hierüber erschreckt die Flucht ergriffen.

Seuberlich. Erzählt das Ding mir auch, und seht mich dabei starr an! —

Dornberg. Ihr werdet doch nicht an der Sache zweifeln! —

Seuberlich. An der Sache nicht, aber an den Urhebern der Sache. —

Freundlich. Ich bitte euch, zankt nur nicht! —

Gültlingen. Seyd still Dornberg, und zankt nicht, sonst forder ich euch und eure Schwester heraus.

Dornberg. Meine Schwester würde mit ei= nem solchen Narren bald fertig werden.

Gültlingen. Ja, sie kann mit Narren gut auskommen, sonst müßte sie mit euch ewig Krieg haben.

Dornberg. Euch könnte sie zu nichts als zur Fliegenklatsche brauchen.

E 2                    Gült=

Gültlingen. Kann seyn. Ich glaube um eurer Mutter Honig mögen viele Fliegen geschwärmt seyn, weil ihr eine so sonderbare Mixtur von Mann seyd.

Dornberg. Gültlingen, wie theuer verkauffst du deine Weisheit?

Gültlingen. Wenn ich keinen größern Narren finde als euch, so will ich sie euch aus Barmherzigkeit umsonst geben.

Freundlich. Graf Eberhard! sagt mir doch, was sind das für Dinger die bey euch im Burghofe so gekracht, und Feuer ausgespien haben? Ich hab mich recht dafür gefürchtet.

Eberhard. Es sind Donnerbüchsen. Man thut ein schwarzes Pulver hinein, schlägt einen Zapfen drauf, und zündets dann an. — Wenn man ein Stuck Eisen hineinschlägt, so kann man den stärksten Mann damit todtschlagen.

Gültlingen. Wenn man ihn trift versteht sich.

Eberhard. Das ist auch eine Erfindung, die der Teufel holen sollte. Der stärkste Mann ist nun nicht mehr sicher von einem Weibe niedergeschlagen zu werden.

Gültlingen. Wenn euch eine Donnerbüchse träfe, wollt ich euch eine schöne Grabschrift hauen lassen. Einen Fuchsen, der dem Löwen die Mähne streicht, und unterm Streichen die schönsten Haare

re ausrauft , mit der Unterschrift: ich bin euer
unterthänigster Knecht!

Dornberg. Der Einfall ist schlecht.

Gültlingen. Weil er euch getroffen hat,
nicht wahr? — Ihr seyd zwar schwer zu treffen
— denn man weiß nicht, wo ihr zu Hause seyd,
weil ihr euren Schild bald da, bald dorten aus=
hängt.

Eberhard. Was würdest du denn meiner
Tochter für einen Schild aushängen?

Gültlingen. Keinen , denn der , den ihr
der liebe Gott gegeben hat, ist zu schön, als daß
ihn ein Narr tadeln könnte. —

Eberhard. Gut gegeben Gültlingen, der
Schwank bringt dir eine goldene Kette ein. —

Gültlingen. Mag keine dafür, sonst könnt
es aussehen , als ob ich euch eine Schmeicheley
hätte sagen wollen. Und Narren, welche euch
Schmeicheleyen sagen, habt ihr genug in eurem
Solde , aber nur einen , ( auf sich deutend ) der
euch die Wahrheit sagt. — Aber ihr Ada, ihr
sitzt so stille?

Ada. Wer kann denn zu Wort kommen, wenn
ihr plaudert. —

Gültlingen. Nun so ist das Ende der Welt
nah , wenn endlich ein Mann im Stande ist, ei=
ne weibliche Zunge zu überplaudern. — Ah! Nun
merke ich aber selbst, daß mir die Zunge troken

E 3                              wird

wird, jetzt wollen wir trinken. Fangt an zu singen, Meistersänger!

Freundlich. Ich will euch mein neues Lied-
lein vorsingen; das macht Durst, wenn mans
nur hört. ( singt: )

Meine Zunge lechzet mir, wie ein trockner
Scherben,
Trinkt! Man kann durch Trinken sich Lob
und Ehr erwerben.
Auf dem Fasse will ich einst wie ein Ba-
chus sterben,
Und der beste Zecher soll meine Kanne er-
ben.

\*     \*
\*

Ueberm Trinken könnte ich Gold und Sil-
ber hassen,
Andre Narren mögen sich mit den Weibern
fassen.
Dich du gelber Labetrunk! will ich niemals
lassen,
Bis ich einst in Frieden zieh meine lange
Strassen.

\*     \*
\*

Wird der dürre Sensenmann einstens zu
mir hinken,
So will ich mit meinem Glas ihm um
Gnade winken.
Muß ich aber doch hinab in die Grube
sinken,

O!

O! so laß mich nur vorher ein paar Kan=
nen trinken. —

(Die letzte Zeile wird allezeit vom Chor wiederholt.)

Dornberg. Das ist wirklich ein lustig Lied.

Freundlich. Ihr dürft mirs nicht loben, denn
Ihr wüßt nicht mit Gusto zu trinken.

Alle. Das Lied ist schön, recht schön! —

## Siebenter Auftritt.

### Emmershofen, als Pilgrim.

Freundlich. Ha, da kommt noch ein Frembd=
ling? — Wer bist du? —

Emmershofen. Von deiner Zunft. —

Freundlich. Also ein Meistersänger, kannst
dich gleich hören lassen.

Emmershofen. Ich kann nicht, ich bin zu
müde. —

Eberhard. Setz dich Frembling, und erzähl
uns, wie gehts im heiligen Lande? —

Emmershofen. Närrisch und sonderbar, wie
in eurem Lande. —

Gültlingen. Das ist eine närrische und son=
derbare Antwort. —

Emmershofen. Ich bin aber auch unter
närrischen Leuten herumgewandert. Ich kam hie=
her um den Zehrpfennig von meiner Zunft abzu=

E 4                           holen,

holen, und dann will ich nach Mainz reisen auf unsre hohe Schule.

Ada. So bleibt doch heute bey uns.

Gültlingen. Eine Dame werdet ihr doch nicht vergeblich bitten lassen.

Emmershofen. Ich bat auch oft meine Dirne mich zu heilen, und sie verwundete mich um so tiefer.

Gültlingen. Wunden, so die Weiber schlagen, sind süß. —

Emmershofen. O nein! ihr Geschoß ist wie die Pfeile der Sarazenen, sie haben Schnüren dran um die Verwundeten hinter sich herzu ziehen, ihr Balsam ist Gift.

Eberhard. (steht auf.) Du bist ein drollichter Bursche. Wenn du willst, kannst du als Hofnarr bey mir bleiben, ich gebe dir Kost und fünfzig Gulden Lohn. —

Emmershofen. Das Geld könnt ihr ersparen. — Setzt nur einem von euren Räthen die Schellenkappe auf. Dem dort ( auf Dornberg weisend ) glaub ich, paßt sie am besten. —

Eberhard. Dein Scherz ist bitter.

Freundlich. Weißt du denn gar keinen lustigen Schwank zu singen?

Emmershofen. Nein; aber eine traurige Geschichte hab ich auf schöne Reimlein gesetzt.

Ada.

Ada, O laß uns die hören; mir eckelt vor lustigen Sachen. —

Emmershofen. So merkt auf ihr Weiber, ich will sie, euch erzählen. Sie hat sich erst vor einem halben Jahr in der Pfalz zugetragen.

Es liebt am Rheine irgendwo,
Ein Ritter deutsch und bieder,
Ein Mägdlein. — Sie war seiner froh,
Und gab ihm Liebe wieder,
Und Herz an Herz, und Mund auf Mund,
Schwur sie ihm ew'ge Treue,
Schwur tausendmal daß dieser Bund,
Niemals ihr Herz gereue.
Der Ritter traute ihr so sehr —
Sie wußt es zu versüßen,
Mit ganzer Seele lebte er,
In ihr und ihren Küßen. —
Er kümmerte sich um die Welt,
In ihren Armen wenig,
War ohne Güter, ohne Geld,
Doch froher als ein König. —
Doch schnell rief die Trompete ihn,
Zum Krieg in ferne Lande,
Es zogen männiglich dahin,
Gar viel vom Ritterstande.
Fein's Liebchen, bleib mir ewig treu,
Sprach er zu ihr beym Scheiden,
Mit Schwur und Kuß schloß sich aufs neu,
Das Bündniß zwischen beiden.

E 5

Der

Der Ritter blieb acht Jahre aus,
Focht um die Lorberkrone,
Erkohr bey manchem harten Strauß,
Sich Wunden nur zum Lohne,
Dem Liebchen ward die Zeit zu lang,
Sie wollte Liebschaft treiben,
Vielleicht war ihr schon angst und bang,
Sie möchte ledig bleiben.
Dies merkt ein zuckersüßer Mann,
Zog sie in seine Bande,
Und sprach, was geht der Mann euch an,
Im fernen Morgenlande?
Ich sprach er, Liebchen, ich bin ja,
Zur Liebe auserkohren,
Und ist dereinst der andre da,
So habt ihr nichts verlohren.
Sie ließ sich mir dem Bulen ein,
Vergaß der heil'gen Bande,
Und ließ den Ritter — Ritter seyn,
Im fernen Morgenlande.
Mit Noth entkömmt der Rittersmann,
Dem Feinde mit dem Leben,
Sucht seine Traute — trift sie an,
Dem Bulen hingegeben.
Dies ist der Bule Dornberg — dort
Steht auch das Weib der Schande,
Und ich bin Emmershofen! — fort
Mit des Betrugs Gewande. —

Gültlingen. Ihr habt ganz recht gehabt, das wird für zwei von uns eine traurige Historie werden.

Dornberg. (verblüfft) Lieber Ritter! ich habe euch euer Mädchen ja nicht nehmen wollen.

Emmershofen. Sondern nur entehren. —

Dornberg. Nein — ihr erhaltet sie unversehrt wieder.

Emmershofen. Meint ihr, ich soll das aufheben, was ihr wegwerft. — Nein, ich bin ein deutscher Mann und will mein deutsches Weib allein haben und behalten. Doch daß ihr meine Dirne abspenstig machtet, dafür sey euch Fehde angekündigt. — Morgen erwarte ich euch mit Sonnenaufgang vor den Schranken! (wirft ihm den Handschuh hin.)

Dornberg. Behaltet sie — ich will sie nicht — ich mag sie nicht! —

Emmershofen. Ich rufe euch zum Zweykampfe nicht wegen dem Weibe, denn die ist nicht werth, daß sich ihretwegen ein braver Ritter die Haut ritzt, sondern zur Aufrechthaltung meiner Ehre, die ihr beleidigt habt. — (geht ab.)

## Achter Auftritt.

### Vorige, ohne Emmershofen.

Gültlingen. Armer Dornberg! dir ist die Mittagssuppe erbärmlich versalzen worden. Es

steht

steht mißlich um dein Leben. Aber den Grabstein, den ich dir versprochen habe, sollst du kriegen. Gleich morgen will ich zu einem Steinhauer gehen. (ab.)

Berlichingen. Emmershofen hat als ein Mann gesprochen und gehandelt.

Dannenberg. Und was gilts, Lutz von Unterstain wird sich auch zu seiner Zeit rechtfertigen. Wenn er nur nicht nach Italien gezogen wäre!

Eberhard. Jetzt, ihr Ritter und Gäste! ist das Mahl geschlossen. Mich freut heute weder Wein, noch Gesang.

Freundlich. Dann seyd ihr sehr krank.

Eberhard. Laßt mich allein, ich muß mit meiner Tochter sprechen. (Alle gehen ab.)

## Neunter Auftritt.

### Ada, Eberhard.

Ada. Nun lieber Vater, was sagt ihr zu dem allen? —

Eberhard. O meine Tochter! —

Ada. Glaubt ihr nun bald, mein Vater, daß Lutz unschuldig ist. — O mein Vater! bey meiner kindlichen Liebe bitte, beschwör ich euch, macht mich nicht unglücklich — und ich muß es werden, so bald Dornberg meine Hand erhält. Er ist ein Mensch, den die Mutter Natur in einer verstimmten Laune schuf, ein Mensch der keinem Biedermann

gerade

gerade ins Auge sehen kann, weil er einen zu tref=
fen fürchtet, der es auf seiner Stirne lesen möchte,
daß er ein Schurke ist. — Mit Lutzen wollt ich bey
Wasser und Brod mein Leben vergnügt hinbringen,
denn er ist ein Mann im wahren Verstande des
Wortes, geht gerade zu, wo Dornberg im Fin=
ster schleicht. —

**Eberhard.** Du siehst gar zu viel Böses an
Dornberg.

**Ada.** Wenn ich Dornberg vor euch stehen sehe,
so fällt mir immer bey seiner unstäten Mine der
Verräther Iskarioth ein. O Vater bindet mein
Leben nicht an das seinige. — Ich will lieber ein=
sam ohne Mann eures Alters pflegen, und wenn
die Stunde eures Lebens zerrinnt mich zu euch
hinlegen, und so lange weinen, bis mich der Him=
mel wieder mit euch vereinigt.

**Eberhard.** Nu meinetwegen, das mag auch
seyn. — Aber Lutz kann dein Mann nun nicht mehr
werden! —

**Ada.** O Vater, Vater, ihr gebt mir das
Leben wieder. Laßt mit Thränen des Danks eure
Hände benetzen. — Jetzt bin ich glücklich, da ich
meinem Vater wieder angehöre. Laßt mich in mei=
ne Kammer gehen und ausweinen. — O Vater,
— Vater jetzt erst ahnde ich wieder, daß unser
noch glückliche Stunden harren.

(Geht ab.)

Zehn=

## Zehnter Auftritt.

### Eberhard allein.

Ein gutes Kind! — Meine seelige Gattin, wie sie leibt und lebt! Die wußte mich auch so auf dem rechten Flecke zu packen, wo der Eingang zu meinem Herzen am leichtesten war. —

## Eilfter Auftritt.

### Eberhard, Ullberg.

Ullberg. Vergebt mir, Graf Eberhard, daß ich euch heimsuche! —

Eberhard. 'Sieh da! Willkommen Ritter Ullberg! — Was treibt euch denn zu mir.

Ullberg. Die Sache meines Freundes Lutz. — Emmershofen, mit dem ich hereinzoge, hat mich gebeten euch zu fragen, was ihr gegen Lutz habt?

Eberhard. Redet mir nichts mehr von ihm, ich bitte euch, wenn ich euch lieb behalten soll. Er hat mir durch seine Knechte in meinem Lust=walde aufpassen lassen, und nach meinem Leben getrachtet.

Ullberg. Sagt, wie könnt ihr so etwas von einem Ritter denken? Zieht mit mir nach seiner Burg, seht ihn, wie seine Liebe zu eurer Tochter ihn beinahe wahnsinnig gemacht hätte! Wir tra=

ten

ten die Thränen in die Augen, als er verwildert
und auffer sich den Schmähbrief mir zeigte, den
ihr an ihn abschicktet. — So ein Schmerz wie der
seinige, ist keine Heucheley. — Ich bin kein großer Redner, und kann euch das Ding nicht so
beschreiben wie ichs sollte, kommt und seht: und
wenn Lutzens Anblick euch nicht zu Thränen rührt,
wenn ihr ihm nicht eure Aba zuführt, so möge
euch der Himmel seine Gnade versagen.

(Geht ab.)

## Zwölfter Auftritt.

### Eberhard allein.

Nun wohl! Ich will das äufferste thun. Ich
will hin nach seiner Burg, will sehen und hören.
— Eine gewiße innere Stimme befiehlt es mir;
— Ahndung — süße Ahndung regt sich im Herzen. — O wenn ich doch noch Großvater werden
könnte! — Wenn ich nur einen Enkel auf meinem Schooße wiegen — nur einmal den süßen
Namen Großvater von ihm könnte stammeln hören,
dann wollte ich mit Freuden hinab zu meinen Vä-
tern fahren! Der Himmel verhieß ja guten Vä-
tern Sippschaft und viele Nachkommen, soll denn
der alte Eberhard gar so ein grosser Sünder seyn,
und die Erfüllung dieses Versprechens in seiner
Familie unerfüllt sehen?          (Geht ab.)

Vier-

# Vierter Aufzug.

## Erster Auftritt.

( Die Bühne stellt ein Zimmer auf Lutzens Burg vor. )

### Eberhard, Anne.

*Anne.* Nein lieber Graf! ich gehe euch nicht eher von der Seite, bis ihr mir versprecht, euch mit meinem Bruder auszusöhnen. —

*Eberhard.* Er wird meine Hand nicht annehmen. Denn wozu hätte er sonst nöthig gehabt mir einen so schandvollen Brief zu schreiben? —

*Anne.* Mein Bruder, einen Brief geschrieben? — Er kann ja gar nicht schreiben, und lesen auch nicht viel. Wenn er Briefe auszustellen hat, besorg ich sie, da müßt ich also auch drum wissen. — Glaubt mir, er ist gewiß der treueste Vasall von eurem Hofe.

*Eberhard.* Sieh, was brennt dort in der Ferne?

*Anne.* Ich habs euch ja schon gesagt, die Burg des von Hasenberg. Die Kunnersdorfer haben ihn überfallen, und alles verheert und niedergebrannt. Heute kam unser Kunz von Heidelberg, und zog dorten vorbey. — Aber ihr fragt
mich

mich immer allerley Sachen dazwischen, damit
ich auf meinen Bruder vergessen soll. — Hört
Graf, wenn ihr meinen Bruder nicht beruhigt,
so künde ich Eurer Tochter offne Fehde an! —

**Eberhard.** Nun wir wollen sehen.

**Anne.** Nein — nicht, wir wollen sehen. —
Ich muß es gleich gewiß wissen. (Man hört Trompeten.) Ha mein Bruder reitet ein. — Er kommt
von Augsburg vom Turniere, und viele Ritter
mit ihm. Hanns hat einen goldenen Dank auf
dem Pferde. — Es ist ein Helm! — Ha! Seht
ihrs was mein Bruder für ein mannlicher Ritter
ist. — Er hat schon wieder den ersten Dank errungen. Ich muß hinunter zu ihm, ihn um den
Hals fassen, und küßen. O wenn ich doch auch
turnieren dürfte. (Läuft ab.)

## Zweiter Auftritt.

Eberhard, (sieht ihr nach) hernach Ullberg.

**Eberhard.** Das Mädel hat ganz ihres Vaters Blut, es brennt und glüht alles an ihr. —
Glück für dich, gutes Geschöpf, daß du Hasenbergs Klauen entronnen bist. —

**Ullberg.** (kommt eilends.) Geschwind Graf!
entfernt euch. — Alles ist nun erklärt. Lutz ist
ganz unschuldig. Hasenberg hat den Vertrauten
seines Lasters, euren Dornberg selbst verrathen.
Kunz kam gerade mit der Botschaft von Heidelberg.

F

berg. — Dornberg hat diese Uriasbriefe geschrie=
ben. — Geht indessen in diese Kammer. —

( Eberhard geht ab. )

## Dritter Auftritt.

Lutz, Anne, Hanns, viele Ritter.

**Anne.** Ihr müßt mächtiglich geritten seyn,
ihr Ritter! Eure Rosse dampfen hoch auf — Komm
lieber Bruder, laß dir den Schweis von der Stir=
ne wischen. Ey! das ist ein schöner Helm. (Setzt
ihn auf.)

**Hanns.** Wir haben auch manche Lanze drum
gebrochen. —

**Lutz.** Mehr als dieser Helm ist mir die freu=
dige Zeitung, die mir mein Kunz brachte. Komm
her, lieber Ullberg, nimm meinen heissen Dank
für deine gute Mähre. ( Er umarmt und küßt ihn.)
Er hat zwar keine Worte, allein mit dem Herzen
dankt man am beredtesten.

**Ullberg.** Das ist ein Dank, ders Herz trift.

**Lutz.** Ich bin jetzt so froh, mit der ganzen
Welt verbunden, daß ich selbst Hasenbergen verge=
ben wollte. — So freuet euch doch mit mir! —
Hört es, meine Ada ist unschuldig. — O wenn
doch die ganze Schöpfung Theil an meinem Glücke
nehmen könnte! — Jetzt muß ich hin, meine Ada
umarmen, und wenn die Hölle zwischen uns wäre. —

Vier=

## Vierter Auftritt.

Vorige. Ada, aus dem einen Seitenzimmer:
O mein Gatte, mein Mann! —

Lutz. (Zu ihren Füssen.) Vergieb, Ada, vergieb!

Ada. Hättest du mich auch beleidigt, so wäre Vergebung jeder Sünde auf meinen Lippen! (Umarmen sich.)

Anne. Nu, laßt mich doch auch Theil an dieser Freude nehmen. Sieh Ullberg, wie sie uns da allein stehen lassen, das ist doch nicht recht.

Lutz. (Umarmt Ullberg.) O mein Bruder! O meine Schwester! —

Anne. (Zu Ada.) Nun sind wir glücklich, liebe Ada!

Lutz. Jetzt gleich fort zu deinem Vater!

## Fünfter Auftritt.

Vorige. Eberhard, a. d. andern Seitengemach.

Da bin ich ja schon! (Umarmt ihn.) So recht, mein Sohn! nun bist du mein, und der Teufel soll dich mir nimmer entreissen. Nun fort, auf, alles was Füße und Hände hat mit mir nach Kanstatt. Dort wollen wir Ullbergs und Annens, Lutzens und Adas Hochzeit feyern. Ueberall muß man vergnügte Gesichter sehen. Singen und tanzen, jubeln und frohlocken soll kein Ende nehmen! — Die Meistersänger sollen sich heischer schreien — der Wein soll wie Wasser fliessen — alles soll auf

F 2 Hof=

Hofnung baldiger Enkel fröhlich und guter Dinge
seyn. Kommt Kinder, kommt! Nach Kanstatt!
Fort! Fort! (Alle gehen ab.)

## Sechster Auftritt.

(Die Bühne stellt einen freien Platz vor, in der Mitte
ist eine grosse Linde, links ein dicker Wald, unter der
Linde ein Tisch, rechts und links Rasenbänke.)

### Hasenberg, Herrmann.

Hasenberg allein. Wo soll ich Ruhe finden,
wo werden mich die schrecklichen Bilder meiner Ue-
belthaten verlassen? Welcher böse Geist ist in mich
gefahren, daß ich mich selbst so quäle? — Alles
scheint mir schwarz und blutig. — Wie schön die
Natur ist! Und doch lächelt sie mir keine Freude.
Als ich noch in dem Schatten der Buchenlaube mit
Annen ruhte, da war ich glücklich! — Das Angedenken jener ruhigen Augenblicke ist die quälende
Hölle, die ich in meinem eignen Busen herumtra-
ge! — Die entflohenen Freuden der Liebe sind die
Furien, die mich mit wüthender Begier anfallen. — O
strafe mich— Donner des Ewigen—damit mich nicht,
so lang ich lebe, die Gewissenspein foltre. —

Herrmann tritt auf.

Der Aufenthalt scheint mir hier nicht mehr
sicher. Ich muß fort. Herrmann, sattle mein Roß! —

Herrmann. Ich kann nicht, der Stall ist
verschlossen.

Ha-

Hasenberg. Brich ihn auf!

Herrmann. Ich darf nicht. Alle Einwohner des Dorfs sind geladen, um Vesperzeit unter der fahlen Linde zu erscheinen. Das Freigericht sitzt heute. —

Hasenberg. Was scheert mich das Freigericht? Ich muß fort! —

Herrmann. Wir müßen beide auch erscheinen, das wißt ihr ja als Rittersmann, daß alles, was an Menschen im Dorfe über zwölf Jahre ist, erscheinen muß. —

Hasenberg. (für sich.) Auch ich will hin! Wer kennt mich hier?

Herrmann. So kommt hin! Dort gehen schon einige Richter. (Geht zu der Linde hin.)

Hasenberg. O wenn es doch vorbey wäre. — Ich weis nicht welche fürchterliche Angst mich befällt! Der kalte schauerliche Todtenschweis rinnt mir von der Stirne. —

## Siebenter Auftritt.

Vorige, Freygraf, Schöppen, Mörder, Herrmann, Volk.

Freygraf. (in der Mitte.) Richter und Schöppen des freien Gerichts! sagt an, ist es jetzt rechte Zeit das Freigericht zu hegen?

Schöppen. Es ist die rechte Zeit.

Freygraf. Richter und Schöppen! gebietet Recht und verbietet Unrecht, daß niemand sein selbst

oder

ober eines andern Wort für euch in gehegter Bank
rede, er thue es dann mit Urlaub.

1. Schöppe. (mit Schwert in der einen, und
dem Stab in der andern Hand.) Ich gebiete, und
verbiete! (setzt sich.)

Freygraf. Richter und Schöppen des Gerichts! denkt eures Eides, zu rächen jegliche Uebelthat, wo und an wem ihr sie findet. Rein zu halten eure Gedanken von Unrecht, eure Hände rein
von Bestechungen, und euer Gewissen rein von unschuldigem Blute. Wessen Herz rein ist von Unrecht, wessen Gewissen rein ist von unschuldigem
Blute, wessen Hände rein sind von Bestechungen,
der beginne mit mir den Kreisgang. (Alle Richter und Schöppen gehen im Kreise umher.)

Freygraf. Wer ein frommer Mann ist, der
sitze still, wer aber sich einer Uebelthat schuldig weiß
der mag aufstehen, und unbeschädigt heimgehen,
doch hat er sein Gut verwirkt. (Alle sitzen stille,
die Richter und Schöppen sagen die obige Formel noch
einmal, einer von der Gemeinde steht auf und geht.
Die Richter gehen zum zweitenmal, und wiederholen
die obigen Worte; wie sie beim dritten Gang zu Hasenberg kommen, werfen sie ihm einen Strick um den
Hals, Hasenberg erschrickt.)

Freygraf. Veit von Hasenberg, obwohl du
zu dreimalen von uns gewarnt bist, dir auch ein
Rechtstag angesetzt wurde, so hast du dich dennoch hartnäckig erwiesen, und ich erkenne dich wegen

gen vorgehabtem Meuchelmord, wegen Mädchen=
raub und Ehrlosigkeit des Todes schuldig. Kannst
du deine Unschuld beweisen durch sieben unver=
dächtige Zeugen, oder durch die Feuer und Wasser=
probe, so magst du es wohl thun — Du schweigst?
Richter und Schöppen, was ist eure Meinung
über Veit von Hasenberg? Er sandte einen Mör=
der aus gegen Fräulein Annen von Unterstain. Wer
ist des Zeuge?

Mörder (tritt vor.) Des bin ich, der ge=
dingte Mörder, Zeuge. —

Freygraf. Entführte dies Fräulein, und gab
sie für wahnsinnig aus. Wer ist des Zeuge?

Herrmann. Des bin ich, sein Knecht, Zeuge.—

Freygraf. Was ist eure Meinung, Richter
und Schöppen?

Schöppen. Sterben, sterben, sterben soll er! —

Freygraf. Fort mit ihm! Seiner Seele sey
Gott gnädig! —

Hasenberg. Hülfe! Hülfe!

Freygraf. Fort mit ihm zum nächsten Baum,
da henkt ihn auf!

H=senberg. Um Gotteswillen! Ist denn keine
Gnade, kein Erbarmen bey euch?

Freygraf. Mit dem Maaße da ihr messet
wird euch wieder gemessen werden. Du hast auch
keine Barmherzigkeit ausgeübt, also fort mit dir!

Schöppen. Fort! Fort! Fort!

Hasen=

Hasenberg. Nu, so nimm mich dann auch auf ewige Qual! Ergreife mich Verzweiflung mit all deinen Martern, und wenn diese mich noch nicht genug in Abgrund schmettern sollten, so mache der Fluch des Vaters der auf mir ruht, das Gewicht überschwer! (wird abgeführt.)

Freygraf. Betet für seine Seele, daß er nicht so lasterhaft sterbe, als er lebte. (lange Pause.)

(Die Schöppen kehren zurück.)

Freygraf. Ist der arme Sünder gerichtet?

1. Schöpp. Er ist gerichtet — er suchte uns zu entrinnen, aber umsonst. Da zuckte er einen Dolch auf sich — wir entrissen ihn ihm, drauf henkten wir ihn an einen Baum, dem Wanderer zum Schrecken, und den raubgierigen Vögeln zum Fraße. — Dreimal zuckte er gräßlich — und starb.

Freygraf. So stirbt der Lasterhafte. Der Himmel sey ihm gnädig.

Alle. Amen!

Freygraf. Das Gericht ist geschlossen. — Wer da stehet, sehe wohl zu, daß er nicht falle. — Nun kehre jeder in sein Haus zurück in Frieden, und sündige nicht auf des Himmels Langmuth, damit sie nicht ermüde; bittet Gott daß er euch bewahre, und nicht in solches Elend fallen lasse.

(Alle gehen ab.)

Achter

## Achter Auftritt.

(Die Bühne ist ein Gastzimmer in Kanstatt, wie im zweiten Akt, neunter Scene.)

### Seuberlich, Emmershofen.

**Emmershofen.** Sagt nur eurem Herrn und Ritter Lutz, daß ich nicht eher die Burg betreten würde, bis das Kampfgericht vorbey wäre.

**Seuberlich.** Eure Kunegunde wollt ihr also auch nimmer sehen? —

**Emmersh.** Sagt es nur gerad heraus, Meister Seuberlich, ich seh es euch an eurer Verlegenheit an, daß ihr bloß von Kunegunde an mich abgeschickt seyd.

**Seuberlich.** Ja, es ist wahr!

**Emmershofen.** Seht, die lange Vorrede hättet ihr ersparen können. — Ihr Lasterbekenntniß brauch ich nicht. Daß sie sich vergangen hat, weiß ich ohnedieß. — Verachtung sey ihre ganze Strafe! —

**Seuberlich.** Sieh hier durch diese Spalte. — Sie bath mich, ich sollte dich, unter dem Vorwand Wein mit dir zu trinken, hieherführen.

**Kun.** Emmershofen! Kannst du mir vergeben?

**Emmershofen.** Fluch dir, schändliches Weib! — O Natur, Natur! Warum schuffst du die giftigste Schlange am schönsten? — Oh! —

**Kunegunde.** (tritt heraus.) Vergieb mir, und dann laß mich ziehen, daß ich in einem unterirdischen Gewölbe, entfernt von allen Menschen, meine Schuld abweine.

Seu=

Seuberlich. Nehmt sie wieder zu Gnaden an!

Emmersh. Lieber wollt ich meinem alten Vater Gift ins Essen streuen! — Ihr seyd ein Gelehrter, und könnt so dumm reden. — Nein, da wird nichts draus.

Seuberl. Seid nur nicht böse auf mich! — Ich meine es gut, und möchte gerne die ganze Welt in Fried und Einigkeit sehen. — ( Man hört die Trompeten. )

Emmersh. Ha! die Ritter ziehen schon auf den Kampfplatz! — Gehab dich wohl Kunegunde!

Seuberlich. Seht sie weint! —

Kunegunde. O mein Emmershofen! ( verhüllt sich das Gesicht. )

Emmershofen. Verhülle nur dein Gesicht! — Dein Geschlecht ist des Larventragens schon gewohnt. — Hinfort will ich keinem Weibe mehr trauen, und wenn sie mit mir ganz allein auf dem Erdboden wäre! — Mit Teufeln würden sie buhlen, wenn keine Männer um sie wären. ( Beide ab. )

## Neunter Auftritt.

### Freyer Platz zum Zweikampfe.

( Hinter den Schranken ein erhabner Ort, worauf Graf Eberhard als Kampfrichter sitzt. Vor ihm steckt eine Lanze, woran Schild und Schwert hängen, rechts und links sitzen Berlichingen, Dannenberg, und mehrere Ritter als Kampfhelden, und Beisitzer, bei der Lanze liegt ein Stäbchen, zur Seite steht die Bahre, am Eingange stehen zwei Kreiswärtel mit kreuzweis gestellten Lanzen, bey Ihnen der Herold, an den Bäumen sind Wappen. Viele Ritter, Damen, und Knappen sehen zu. )

Dorn‑

Dornberg, Emmershofen ( vor den Schranken )
Graf Eberhard, Berlichingen.

Gr. Eberhard. Um das freie Kampfgericht
zu hegen und zu handhaben, so frage ich euch ihr
Kampfsitzer! sind beide kämpfende Ritter offenkündig, ebenbürtig und schöppenbar frey.

Berlichingen. Sie sind offenkündig, ebenbürtig und schöppenbar frey.

Gr. Eberhard. Untersucht ihre Beile und
Schilder, ob sie sich keiner giftigen Kräuter und
verbotener Mittel, einander zu schaden, bedient
haben, dann öffnet die Schranken! —

Berlichingen. Ihre Waffen sind ohne Falsch,
und rein. — Nun schwört einen gestabten, schweren Eid auf zwei gekreuzte Schwerter, daß ihr
euch nicht festgemacht, verbannt oder verflucht habt.

Dornberg, und Emmershofen. ( in den
Schranken. ) Wir schwören! —

Gr. Eberhard. Nun bittet zu Gott, daß
er den Kampf nach Recht entscheiden möge!

Dornb. Emmersh. ( Knien ) Wir bitten!

Gr. Eberhard. Und nun nehmt eure Waffen und rüstet euch. Herold! gebiete Frieden im
Namen des Kampfgerichts!

Herold. Ich gebiete Frieden im Namen des
Kampfgerichts.

G. Eb. Bey dem dritten Schlag des Kreiswärtels
an die Lanze soll Emmershofen den Kampf beginnen!

Kreis=

**Kreiswärtel.** ( Schlägt mit starken Pausen, zweimal an die Lanze, beim dritten Schlag erschallen Trompeten und Pauken, der Kampf beginnt.)

**Emmershofen.** Entwafnet den Dornberg, und indem er ihn tödten will, hält er inne, und sagt: Ich schenke dir das Leben! Gehe hin und werd ein besserer Mensch! —

**Gr. Eberhard.** Schön gehandelt Emmershofen! — Ihr tragt den Namen eines ¡ Ritters mit Ehren. —

**Lutz.** Glück zu mein theurer Blutbruder! Wärst du gefallen, so wäre der schönste Tag meines Lebens getrübt worden.

**Gr. Eberhard.** Und nun laßt uns nach der Burg eilen zum festlichen Male. — Aba und Anne warten unsrer Rückkunft mit Sehnsucht. Morgen soll das unauflösliche Band zwischen den Liebenden geschlungen werden. Heute noch will ich meine Reitersleute aufsitzen lassen, damit sie meinen Unterthanen verkünden, daß Alt uud Jung sich freue, weil ich am Ende meiner Tage noch das Glück des Vaters fühlen kann, durch edle Deutsche Nachkommenschaft im guten Andenken bey meinem Volke zu bleiben.

**Der Vorhang fällt.**

**Ende des Schauspiels.**

Knapp

# Knapp Konrad von Hohenberg,

## o d e r

# d e r  S t ä h l e r n e.

## Ein heroisches Schauspiel

in fünf Aufzügen,

### v o n

## Franz Xaver von Lendenfeld.

# Personen.

---

Ritter Andreas von Kühnsek.

Emma, dessen Tochter.

Gertrud, ihre Zofe.

Ritter Augustin von Hilsenburg.

Knapp Konrad von Hohenberg, Schildknapp
   des Ritters Andreas.

Knapp Kuro, in Diensten des Ritters Andreas.

Ritter Sebastian von Heiligenstein.

Ritter Albert von Staufen.

Graf Adolf   &#125; von Raufenburg.
Graf Albert  &#125;

Rügegraf, Erster vom Reichsgericht.

Haynim, ein fremder Reisiger.

Ein Schäferknab.

Zwei Bothen von Javelstein.

Erster und zweiter Kampfrichter.

Ein Reichsherold.

Ein Reichsknapp.

Ein Thurmwächter.

Viele Ritter und Damen, viele Schöppen
   und Rachbürger, viele Knappen, Reisige
   und Knechte.

---

Die Handlung geht vor in Schwaben unweit der
   Residenzstadt; theils in der Andreas = Burg;
   theils in der herumliegenden Gegend.

# Erster Aufzug.

(Saal in der Burg des Ritter Andreas, mit Ge-
mälden von alten Ritter-Schlößern behangen, rechts
ein Tisch mit zwei Sesseln, links eine Thür,
auf dem Tisch stehen Lichter, und ein großer
goldener Pockal, Ritter Andreas und Emma sitzen
am Tisch, und scheinen in einer Unterredung zu
seyn. — Unter dem ganzen ersten Aufzug trinkt
Ritter Andreas sehr oft.)

## Erster Auftritt.

### Ritter Andreas, Fräulein Emma, dann
### Konrad.

#### Ritter Andreas.

Aber sag mir nur Emma, was fehlt dir denn?
du siehst mir seit einiger Zeit immer so dü-
ster aus.

Emma. (Etwas verlegen.) Nichts lieber Vater! — — es ist — es ist nur eine kleine Unpäßlichkeit.

Andreas. Eine kleine Unpäßlichkeit? Nu,
da kann ja vielleicht der Zofe Gertraud ihre Kräu-
ter-Quacksalberey helfen? Ich glaubte nur es sey
etwa

etwa eine kleine Herzensangelegenheit (trinkt) Geh
liebe Emma, ruf den Knapp Konrad zu mir.

Emma. Gleich lieber Vater! (für sich) was
er ihm wohl wollen mag? O Gott! nur keine
Fehde! (geht zur Mittelthür. Konrad tritt eben zur
Mittelthür herein) Eben sollt ich Euch rufen, lie=
ber Konrad!

Konrad. Dank Euch, edles Fräulein! (Emma
geht ab.) Was steht zu Euren Befehlen edler Ritter?

Andreas. Ich habe dir etwas vorzutra=
gen. Höre also: Ich dächte, wir hätten nun schon
so lange in unserer Burg gerastet. Auf! lasset uns
den Sebastian befehden.

Konrad. (Wundernd) Den Sebastian?

Andreas. Ja den alten Heiligen, von
dem man bald nicht mehr weiß, ob er Ritter oder
Einsiedler ist. Der morgende Tag ist zum Auf=
bruche bestimmt. Wir wollen früh aufsitzen, ein
Troß von 50 Reisigen soll uns begleiten, mit ih=
nen denk ich wird der fromme Mann wohl zu über=
wältigen und seine Burg zu erobern seyn?

Konrad. (Etwas aufgebracht) Fünfzig Mann
sagt Ihr, Ritter? — Stellt dem Sebastian hundert
entgegen, und Ihr seyd Eures Sieges dennoch
nicht gewiß.

Andreas. Nicht gewiß? Da bist du zum er=
stenmahl, seit ich dich kenne, zaghaft.

Kon=

Konrad. Das nicht! Aber freilich nicht so rasch und sorglos, als sonst.

Andreas. Und woher das?

Konrad. Weil der Straus einem Sebastian gilt.

Andreas. Nu, einem alten 80 jährigen Graukopf, der vielleicht den Rest seiner alten Züge schon zählen kann? — Dessen Knappen und Buben, seit einer 20 jährigen Rast, vielleicht Pfeifen schnitzen, aber nicht kämpfen lerneten? —

Konrad. Alles wahr, gestrenger Ritter! aber setzt noch hinzu, einen Mann, für den jeder Knapp, jeder Lehnsmann mit Freuden stirbt, weil er gegen alle wie ein Vater handelt, von allen wie ein Vater geliebt wird: einen Mann, den ihr spottweise einen Heiligen nennt, der aber im Ernst verdient so genannt zu werden, der durch sein bloßes Ansehen jeden Buben zittern macht, und jeden gegen ihn ausgestreckten Arm lähmet: einen Mann, dessen Namen von jedermann mit Ehrfurcht genannt wird, als wenns der Name eines Apostels wäre. Summirt dieß alles zusammen, und ihr werdet begreifen, daß unter 50, unter 100 Streitbaren, kaum 10 mit dem erforderlichen Eifer gegen Sebastian kämpfen werden. Doch edler Ritter, darf Konrad wohl fragen, wodurch Sebastian euch beleidigte und zur Fehde zwang?

G                              An-

*Andreas.* Mein gerechter Zorn ist alt, aber darum noch nicht erloschen. War er nicht mit Gráf Kuno, wider mich im Bunde? — War es nicht, der dem Abt von Ellwangen von unsern Anschlägen Nachricht gab, die wir in Absicht jener beyden geistlichen Lehne gefaßt hatten? — Und ohne das, begreifst du, schlauer Konrad, denn nicht, daß mich die bloße Klugheit schon auffodert, ihn zu bekämpfen?

*Konrad.* Nein Ritter! und wär ich schlauer noch, denn ihr, ich begreifs nicht.

*Andreas.* Nun so vernimm denn! Sebastian hat, wie du weißt, keine Kinder, seine Burg ist uns sehr gewünscht gelegen, und was darinnen ist, nicht zu verachten. Wenn wir uns bey seinem Leben, seines Eigenthums versichern, so solls uns nach seinem Tode kein Teufel mehr entreissen. Du weißt, wie leicht uns die Belehnung vom Herzog von Schwaben zu erschleichen ist. Und es wird doch ein ganz stattlicher Zuwachs zu unsern Besitzthümern! —

*Konrad.* Wohl, wirds das! Klugheit treibt euch also zur Fehde, Ritter? gestehts nur, sie allein; rechtmäßiger Zorn nicht! Denn über jene Punkte habt ihr euch ja mit Sebastian längst verständigt; längst eingesehen, daß ihr an seiner Stelle eben so gehandelt haben würdet. Aber freilich! Eure Klugheit braucht Vorwand, wenn der Her-

zog, auf den ihr pocht , nicht endlich einmal dem
unruhigen Andreas ein Ziel stecken, und seinen
Räubereien Einhalt thun soll. — Aufrichtig, Herr
Ritter! habt ihr Sebastians Burg und seiner Habe noch nöthig, um zufrieden, reich und berühmt
zu seyn? — Seyd ihr nicht ohne dieß schon der
reichste Ritter in Schwaben? Warum wollt ihr
dem Friedlichsten eurer Nachbarn seinen ruhigen Abend
nicht gönnen? ihn nicht ungestöhrt einschlafen lassen? —

Andreas. Kann er das in unsrer Gewahr-
sam nicht eben so gut, wie in seiner Burg? —

Konrad. Würdet ihr es können? — Be-
denkts, Ritter! ihr werdet auch einst, was Sebastian
jetzt ist, alt und wehrlos, wenn euch dann eure
Nachbaren und Feinde — und ihr wißt, ihr habt
der letztern viel — mit gleicher Klugheit behandel-
ten , sich vor euren Augen in euer Eigenthum
theilten, und euch euer Sterbbette in ihrer Gewahr-
sam bereiten liessen, sprecht! wie würde euch das
behagen? —

Andreas. Konrad, kaum erkenn ich dich in
der geistlichen Rede. Wie ist das? — sonst so ent-
schloßen und tapfer — und nun auf einmal so zö-
gernd, so frömmelnd und feig? —

Konrad. Nennts wie ihr wollt, Ritter, so
lange ich mich zu entschließen habe, nicht blind
gehorchen muß, folg ich der Regel: Friede jedem,

dem

dem er gebührt, und Fehde dem, der sie verdient.

Andreas. Pah! Eine wahre Mönchsregel.
Geh ins Kloster, Konrad, zum Eroberer taugst du
nicht!

Konrad. Zum Räuber nicht, wollt ihr sagen.
— Doch, warum handeln wir da lange von einer
Sache, die ihr blos vor euerm Gewissen zu verantworten habt? — Ich bin euer Knapp, ihr dürft
ja nur gebieten. Laßt uns aufsitzen, und sehen,
mit wie viel Menschenblut ihr eine überflüßige
Burg erobern, und mit welchem Ruhme ihr einen
alten schwachen Greisen in die Ewigkeit fördern
werdet! —

Andreas. Uiberflüßig sagst du? — Wenn
ich die Burg nun aber nicht für mich, sondern
für Konrad, meinen Schild = Knappen, eroberte,
wie dann?

Konrad. Dann würde Konrad, euer Schild-
Knappe, so ein Beginnen mit eurer Klugheit nicht
zu reimen, euer Anerbiethen aber gebührend zu
verachten wissen.

Andreas. Zu verachten wissen? —

Konrad. Sicher! — Aeusserte Konrad auch
je den geringsten Wunsch, unrechtmäßiges Gut zu
besitzen? — Er verlangt keine Handvoll geraubter
Erde. Ist ihm kein rechtmäßiges Eigenthum beschie-
den, so begehrt er gar keins.

An-

**Andreas.** Und verbleibt also lieber ewig Kon=
rad ohne Land? —

**Konrad.** Und ohne Fluch! — Ich mag der
Erste meines Stammes nicht seyn, der sich durch
Raubsucht bereichert, und ihr wißt, Ritter, meine
Vorfahren waren auch ohne Gut berühmte Edle.

**Andreas.** Bist ein wunderlicher Konrad! Geh,
fang Vögel.

**Konrad.** Spottet immerhin, Ritter. Nur
rechtmäßige Fehde, und Euer Spott soll den Sta=
chel wohl verlieren!

**Andreas.** Wir werden dich also wohl für
dießmal zu Hause lassen, und zu unserm Kam=
merwächter machen müssen?

**Konrad.** Wenigstens werdet ihr wohlthun,
wenn ihr euch dießmahl nicht auf meine geübte
Faust verlasset. Ich weiß es, sie wird mir wie
Bley hinabsinken, wenn ich dem Sebastian be=
gegne. Es ist euch bekannt, daß er meines ver=
storbenen Vaters wärmster Freund war, manchen
Heereszug mit ihm that, viele Gefahren mit ihm
theilte, nichts ohne seinen Rath unternahm. Sie
waren als Knaben schon Brüder, und schieden
als Brüder von einander, und ich sollte mein
Schwerd in sein Blut tauchen? Nein Ritter! Die
Freunde meines Vaters sind mir heilig, und die
Bitte sie zu schonen, denke ich, ist gerecht!

An=

**Andreas.** Geh nur Konrad, ich seh schon, mit dir ist heute nichts zu reden!

**Konrad.** Ja ich gehe, aber ich bitte euch, laßt euren kriegerischen Sinn gegen Ritter Seba=stian fahren. Gehabt euch wohl! (Im Abgehen für sich) Ich glaub ihm für dießmahl genug gesagt zu haben.

**Andreas.** ( Sieht ihm nach. ) Schade für dich, daß du nicht auch ein Redner bist, du weißt einem schon das Herz auf den rechten Flek zu treffen. ( trinkt ) Ja, jetzt ist es Zeit daß ich mich zu mei=nen Jagdgästen begebe.

( ab. )

## Zweiter Auftritt.

( Der äußere Theil der Andreas = Burg in einer an= genehmen Waldgegend , rechts ein Gitterthor, welches in Garten führet , links drey zusammen gewachsene Lindenbäume, zwischen welchen eine Ra= senbank ist; es ist Mondlicht , eine Laute hängt an einem Baum. )

### Emma, Zofe Gertrud.

**Gertrud.** ( Steht neben Emma. ) Emma! wenn ihr sonst so ins Freie hinaus blicktet, und Himmel und Erde so schön fandet, da waret ihr immer so heiter und fröhlich, daß es eine Freude war euch

euch anzusehen! Und nun, traun ! ihr seyd euch
nicht mehr ähnlich. Ihr fühlt von Gottes schöner
Welt nichts mehr! Eure Wangen werden täglich
bleicher, eure Gesänge immer klagender, euer
ganzes Wesen trauriger. Wo will das endlich hin=
aus? —

Emma. Weiß ichs, Gertrud? weiß ichs? Sagt
mirs, wenn ihrs wisset. Endet den Kummer, der
mir am Herzen nagt, wenn ihrs könnt !

Gertrud. Das kann ich armes Weib freilich
nicht! Aber ihr selbst, Fräulein, ihr selbst könntet
es, wenn ihr wolltet.

Emma. Ich selbst, sagt ihr, Gertrud? — Laßt
doch hören.

Gertrud. Seht Fräulein, wenn ich Emma
wäre, so schlüge ich mir den Konrad aus dem
Sinn !

Emma. Wirklich? — Und wie machtet ihr denn
das? —

Gertrud. Nun — ich dächt nicht mehr an
ihn, sondern wählte mir einen andern Paladin,
der mir gewogener wäre — und ihr habt doch ihrer
wahrlich im Ueberfluß, die euch mit Freuden Graf=
schaften und Fürstenthümer antragen, so, daß es
nur auf euch ankömmt, ob ihr in wenig Wochen
— dem kalten Konrad zum Trotz — eine der edelsten
Damen in Schwaben seyn wollt.

Emma.

Emma. Wenn das euer ganzes trostvolles Wissen ist, Gertrud, so thut so klüglich und laßt nichts weiter laut werden. Wie oft habt ihr mir selbst gesagt, daß Schwaben keinen zweiten Konrad aufzuweisen vermögte, und daß ein Weib von Konrad geliebt, das glücklichste unter der Sonne seyn müßte; und nun haltet ihrs für eine so leichte Sache ihn zu vergessen, ihn gegen einen andern zu vertauschen, der statt Herzensadel, nichts als blendenden Glanz, und eitle Schätze aufzuweisen hat? Gertrud! daß ihr doch gerade jetzt, da ich euren Rath so nöthig habe, euch so oft widersprecht! Gar nicht mehr so mütterlich denkt als sonst! — O, es mag wohl wahr seyn, daß Traurige selten Freunde haben! —

Gertrud. Sagt das nicht, Fräulein, sagt das nicht! Wenn ihrs wüßtet, wie manche schlaflose Nacht mir eure Liebe zu Konrad macht, und wie gerne ich euch die seinige mit meinem Leben erkauft! — gewiß! ihr würdet von eurer Gertrud anderst denken.

Emma. Und könnt mir doch einen so kalten, seichtigen Rath geben? — Einen andern wählen, sagt ihr? Ach Gertrud! meine Liebe zu Konrad ist heisser, glühender als ihr denkt! sie kann nur im Tode kühl werden, und vielleicht auch dann nicht! — Vergessen sollt ich ihn? — Ihn, den Mann ohne Gleichen? — Nein Gertrud! an ihn denken will ich
ohne

ohne Unterlaß! am frühen Morgen, und in später
Nacht! Zu erſt an Gott, und dann an Konrad!
Flehen will ich zum Himmel, um ihn! flehen, als
um das höchſte Gut der Erde, bis ich ihn habe,
oder ſterbe! — Aber, er liebt mich nicht! Sein
Herz iſt mir verſchloſſen! Vielleicht ſchon längſt das
Eigenthum eines andern glücklichern Mädchens!

Gertrud. Wenn das euch nur kümmert, Fräulein, ſo mögt ihr euch wohl tröſten. Konrad liebt
entweder gar nicht, oder liebt euch. Meint ihr,
ein Mann, wie er, könnte ein minder vollkomme-
nes Mädchen, als euch lieben? —

Emma. Gertrud — gedenkt ihr mich durch
Schmeicheley zu tröſten? Habt Mitleid, und täu-
ſchet mich nicht! — Sagt, ſollte Konrad würklich noch
ſo ganz freien Herzens ſeyn? Verſichert mich deſſen,
und ihr habt mir meine Ruhe auf einmahl wieder-
gegeben.

Gertrud. Verſichern kann ichs nun zwar nicht,
aber doch dächt ich viel darauf zu wetten! Und
wenn euch nähere Kundſchaft davon zu beruhigen
vermag, ſo will ich euch wohl den Grund meiner
Muthmaſſungen offenbaren.

Emma. (freudig.) Wärs möglich, Gertrud,
hättet ihr einen Weg zu Konrads Geheimniſſen gefunden? — Er pflegt ſie doch nie jemanden anzu-
vertrauen, immer ſich ſo ganz in ſich ſelbſt zu ver-
ſchlieſſen, und ihr hättet ihn dennoch ergründet?

Gertrud.

Gertrud. Dennoch, Fräulein! Wenigstens
so weit, als ich ihn für jetzt ergründen wollte.
Was wäre der Liebe und der Weiberlist unmöglich?
—Seht, Fräulein, als ihr vor einigen Tagen vom
Harm so matt wurdet, allerley Schmerzen vor=
gabt, die ihr nicht empfandet, und anderer, die
ihr wirklich fühltet, nicht gedachtet, da ward mirs
bang um euch. Ich sann Tag und Nacht auf
Mittel zu eurer Genesung. Endlich fielen mir
einige Kräuter ein, deren heilsame Kräften mir
bekannt waren; ich eilte hinaus auf die Hügel,
wo ich sie zu finden glaubte, und gedachte euch
einen stärkenden Trank daraus zu bereiten. Als
ich nun so mit meinem Sammeln beschäftiget war,
stand auf einmahl Konrad neben mir, und fragte:
was ich so sorgfältig suche? — Kräuter, für
mein armes krankes Fräulein, gab ich zur Ant=
wort. — Ist Emma krank? erwiederte er so hastig
und ängstlich, daß michs an dem sonst so gefaßten
Manne Wunder nahm.

Emma. Gertrud! Ich bitte euch um eurer Gut=
müthigkeit willen, seyd nur dießmal in eurer Er=
zählung kürzer.

Gertrud. Geduld! Fräulein. O die ist euch
gar zu nöthig! —Solltet ihr denn das Fräulein so
gar nicht vermißt haben, Konrad? fuhr ich fort.—
O gewiß vermißt, antwortete er, aber es hat doch
keine Gefahr mit Emma? — Zwar eure Augen
                                            sind

sind roth geweint , Gertrud, das läßt mich ver=
muthen, die Krankheit sey bedeutend. Und dabey
sah er euch so traurig aus , als wenn Vater und
Mutter ihm abgestorben wären.

Emma. Ist das alles reine Wahrheit, Gertrud?

Gertrud. Reine Wahrheit ! So gewiß, als
sich eure Wangen jetzt plötzlich mit der schönsten
Röthe überzogen haben , Fräulein!

Emma. O nicht doch! Gertrud, es ist vom
Mondlicht. Erzählt nur weiter!

Gertrud. Gern , Emma. Was sinds denn
für Kräuter, die ihr sucht? hub er nach einigem
Nachsinnen wieder an: ich will sie euch suchen
helfen. Ihr? entgegnete ich, es würde einem so
tapfern Ritter traun! wohl anstehen, wenn er Kräuter für ein krankes Fräulein suchte! — Als wenn
man für jedes Fräulein thäte, was man für
Emma zu thun bereit ist! rief er aus; hatte ba=
bey auf meine Hand acht , entfernte sich, und
kehrte bald mit einem größeren Bündel Kräuter
zurück, als ich in einigen Stunden gefunden hätte.

Emma. Und ihr habt mir nicht ein Wort davon
gesagt, Gertrud? Er war also um mich besorgt? sei=
ne Hände um mich beschäftigt? — Laßt mir kein
Blättchen von den Kräutern verlohren gehen, Gertrud!

Gertrud. Sorgt nicht, Fräulein, hört nur
weiter. Hier Gertrud, sagte er, nehmt hin, und
eilt zum Fräulein! Bedenkt, daß sie Mathildens
Toch=

Tochter , — daß sie ein Mädchen der besten Art,
das schönste, edelste in Schwaben ist! Daß der
Verlust, wenn sie stürbe, nicht zu ersetzen seyn
würde, daß — daß — — o Gertrud! — laßt
das Fräulein nicht sterben! Seyd ihr Mutter, Freun-
din, seyd ihr alles! Gott wird euchs lohnen. —
Aber fuhr er fort, sagt mir doch, was des Fräuleins Uebel für einen Namen hat? — Das kann ich
nicht, edler Ritter! war meine Antwort. Ich bin
eine bejahrte Zofe, und vielleicht zu alt, alle Ge-
heimnisse meiner Fräulein zu erfahren. Wenn
aber unter hundert jungen Rittern so der rechte kä-
me, so glaub ich, sollte ihm beydes — vollkommene Kunde — und vollkommene Heilung ihrer
Krankheit sehr leicht werden! — — Da ward er,
wie ein armer Sünder, so blaß; sah mich starr
an, stand dann lange mit in einander geschlungenen
Armen, ohne ein Wort zu sprechen, da, und fragte endlich mit sichtbarster Aengstlichkeit: wer denn
der glückliche Ritter wohl sey, der euch heilen könne,
heilen dürfe? —

Emma. Und was gabt ihr ihm für eine Antwort, Gertrud? —

Gertrud. Ich wüßte es nicht.

Emma. Und Konrad nahm das für blanke
Wahrheit an? —

Gertrud. Ja, daß er es für Wahrheit genommen hätte! — Ihr wißts nicht? sagte er, in
                                        einem

einem Tone, in welchem man jemanden einer Lüge
zu zeihen pflegt, kehrte sich rasch von mir, rief:
Behüt euch Gott, Gertrud! und eilte mit wilden
Schritten ins Dickigt.

Emma. Daß ihr ihn auch belügen mußtet!

Gertrud. Ich glaubte, die Wahrheit ihm
zu sagen, gebührt euch selbst, nicht eurer Zofe.

Emma. Aber was soll mir nun aus allen
dem für Trost fliessen, Gertrud?

Gertrud. Soll ich euch erst dies sagen, Fräu-
lein? — Kein Blättchen von den Kräutern, die
Konrad pflückte, sollt ich euch verlohren gehen las-
sen! Nicht wahr, so sagtet ihr? Thut doch nicht,
Emma, als wüßet ihr nicht, wie ihr Konrads
Worte und sein Benehmen zu deuten hättet! —

Emma. Aber wenn er mich liebte, Gertrud,
warum hätt er mir noch kein Wort davon gesagt?
oder einen einzigen zärtlichen Blick gespendet?

Gert. Gutes, unschuldiges Fräulein! Ich dachte es, daß ihr durch genauere Kundschaft von Konrads Minnewesen nicht viel gewinnen würdet. Der
bedächtliche Konrad hat vielleicht all die Hindernisse längst erwogen, die eure Verbindung mit ihm
unmöglich machen, und an die ihr gar nicht zu
denken scheinet. — Vielleicht sind sies allein, die
ihm die Sprache des Herzens hemmen, und ihn
zwingen, seine Liebe zu euch hinter jenem frostigen Wesen zu verbergen, das die Ursache eures Harms ist.

Em-

Emma. Und was wären denn das für Hindernisse! Gertrud? Ich bitte euch, nennt sie mir!

Gertrud. Daß sie euch doch so fremd sind, oder so unbedeutend scheinen! — Bedenkt ihr denn nicht, Fräulein, daß ihr die Tochter des reichsten Ritters in Schwaben seyd, und einst Erbin unermeßlicher Schätze werdet? Daß dagegen Konrad nur ein armer Knapp, ohne Land und Gut ist?

Emma. Wohin verirrt ihr euch nun wieder, Gertrud? Sagt, wenn ihr Emma wäret, würdet ihr einen Augenblick Bedenken tragen, dem Konrad vor hundert fürstlichen Werbern den Vorzug zu geben? — Oder ist er euch nun, seit ich ihn liebe, auf einmal ein geringer Knapp worden?

Gertrud. Wie könnte er das? Aber —

Emma. Still Gertrud! kein Aber mehr, wenn ihr mich lieb habt! — Tochter des reichsten schwäbischen Ritters, sagt ihr? — Erbin unermeßlicher Schätze? — Armselige, nichtige Vorzüge! — Ach! Nur in Konrads Armen, nur als seine Gattin bin ich reich! und ohne ihn das ärmste unglücklichste Mädchen! — Gertrud! wenn er mich liebte! mirs selbst gestünde! und in diesem Geständniß mir in die Arme an diesen unentweihten Busen sänke! — Gertrud! — dann opfert ich freudig alles, was ich besitze, alles was ich zu hoffen habe! — Enteilte im Jubel diesen prunkvollen Gemächern!

mächern! vergäſſe Bequemlichkeit und Ulberfluß!
und entflöhe mit ihm in eine Wüſte — in eine
niedere und verborgene Hütte; — Konrad würde
ſie mir zum Paradieſe machen! — Dieſe Hände
ſollten ihm ſein Lager, und ſein Mittagmahl berei=
ten, Gertrud. — Und wenn er mich denn für das
alles ſein Weib, ſeine Emma, nennte — o dann
hätte mein Glück keine Gränzen! Ich tauſchte mit
der Herzogin aus Schwaben, ja mit der Kaiſe=
rin ſelbſt nicht! —

Gertrud. O ihr gutes, trefliches Fräulein!
wie macht ihr mir das Herz ſo weich. Wenn doch
der Ritter, euer Vater gleiche Geſinnungen gegen
Konrad hegte, ſo dürften wir getroſt euren Braut=
ſchmuck ordnen, und eurem Glücke ſtünde dann
nichts im Wege. Aber ihr kennt ihn! Ihr wißt,
daß Reichthum ihm über alles, und Männerwerth
weit weniger gilt. Er wird nie in euer Bündniß
mit Konrad willigen!

Emma. Er wirds Gertrud, gewiß! er wirds.
Bedenkt doch nur, wie viel er dem Konrad zu dan=
ken hat? wie werth er ihn hält? —

Gertrud. Nun, Gott ſegne eure Hofnungen
mit der Erfüllung; aber ich denke immer, ihr geht
einer traurigen Zukunft entgegen, und thätet beſ=
ſer, wenn ihr meinem vorigen Rathe folgtet.

Emma. Gertrud, wenn euch mein Vertrau=
en werth iſt, ſo ſchweigt von eurem armſeligen Ra=
the,

the , und vernehmet meinen festen, unabänderli=
chen Entschluß! — Emma wird entweder Konrads
Gattin, oder Nonne!

Gertrud. Um Gotteswillen, Fräulein! laßt
den Entschluß nicht zum Gelübde werden.

Emma. Die Warnung kommt zu spät, Ger=
trud! Seyd ihr mir nun noch mit mütterlicher Lie=
be zugethan, und bereit, alles mit mir zu wagen,
so gebt mir euer deutsches Wort, und wankt nicht
wieder.

Gertrud. Ach Emma! warum mußtet ihr
euch mir zu spät vertrauen, da ich euch nicht mehr
zurück zu halten vermag? Nun bleibt mir armen
Weibe freilich nichts weiter übrig, als mit euch
zu dulden, und mit euch zu sterben!

Emma. Oder an meinem Glücke euch zu wei=
den! Das laßt uns hoffen, Gertrud, und den
Himmel um Beistand anflehen.

Gertrud. Ja, Fräulein! das wollen wir.
Aber Fräulein! wollt ihr nicht so gut seyn, und
mit eurer Laute das Lied von einem Fräulein, und
dem gräflichen Taugenichts singen. Seht , der
Abend ist so schön, und angenehm dazu.

Emma. Wohlan! das will ich , gebt mir
meine Laute her. ( Sie fängt an folgendes Lied zu
singen : )

Es war einmal vor alter Zeit,
　Ein Fräulein, jung und schön;

S*

So sanft und zart, war weit und breit,
  Kein Fräulein mehr zu sehn.
Sie achtete bey Sang und Tanz,
  Auf keines Ritters Schmerz,
Und schätzte Gold und Silberglanz,
  Mehr als ein treues Herz.

\*    \*    \*

Einst kam in Gold und Silberlahn,
  Ein Graf daher stolzirt.
-Und sein Gefolge, Roß und Mann,
  War prächtig ausstaffirt.
Dann warb der Graf um ihre Hand,
  Gar liebreich war sein Spruch,
Doch war es eitel Unverstand,
  Und gräßlicher Betrug.

\*    \*    \*

Und Fräulein Bertha jung und schwach,
  Durch Glanz und Wort bethört,
Rief im Entzücken: o und ach!
  Und hielt sich hochgeehrt.
Der gute Vater warnte sie,
  Die Mutter weinte sehr,
Doch Fräulein Bertha folgte nie,
  Getreuer Aeltern Lehr.

\*    \*    \*

Da sprach der Graf: Frisch auf, mein Kind!
  Besteig mein schnelles Roß,
Und eile mit dem Abendwind,

                H            Wohl

Wohl in mein gräflich Schloß.
Da wiegte Sie Graf Bösewicht,
      Mit Band und Adels-Brief,
Beim hellen milden Sternenlicht,
      Bis sie gar sanft entschlief.

　　　✝　　　✝

Nach Mitternacht erwachte sie,
      Und fuhr im Schreck empor,
Doch, süßer Minne Harmonie,
      Drang nicht mehr in ihr Ohr.
Ihr Auge starrte fürchterlich,
      Geöfnet war ihr Mund,
Sie schwankt' und stürzte wüthend sich,
      In einen tiefen Schlund.

　　　✝　　　✝

Nun läßt sich ihre Geistgestalt,
      Zur Nacht im Walde sehn,
Und wenn die zwölfte Stund erschallt,
      Ihr dumpfer Spruch verstehn.
Es lautet: Folgt der Aeltern Rath,
      Und seyd im Kampf nicht schwach,
Sonst folgt die Reue nach der That,
      Und Bertha holt euch nach! —

Drit-

# Dritter Auftritt.

### Die Vorigen, Konrad.

(Konrad kömmt aus dem Wald, vertieft in Gedanken, ohne sie zu bemerken.)

**Konrad.** Ein trautes Herz verlangst du von deinem Gatten? — O Emma! Wenns dir an dem genügt, so darfs Konrad wohl wagen, sich zur Zahl der Kühnen zu gesellen, die um dich werben. Nicht deine Schlößer, nicht deine Schätze! Nur dich, Emma! und Konrad ist der glücklichste Mann auf deutschem Boden.

**Emma.** Sieh da, Konrad? (er erschrickt.)

**Konrad.** Ja, Fräulein! verzeiht wenn ich euch etwa ungelegen komme, ich glaubte euch auf eurem Zimmer singen zu hören! — Und ihr wagt euch noch so spät ins Freie, Fräulein?

**Emma.** Nun, da ihr noch auf dem Platze seyd, dürfen wir wohl sonder aller Furcht, noch ein Weilchen im Mondlichte lustwandeln. Ihr werdet uns doch, wie es einem tapfern Ritter geziemet, falls wir Ebentheuer zu befahren haben sollten — beschützen? — —

**Konrad.** Mit Blut und Leben! Liebe Emma — — edles Fräulein!

**Emma.** Bald hättet ihr euch verbindlicher gemacht, als ihr vielleicht seyn wolltet. Bedenkts

ja

ja künftig, Konrad! einer lieben Emma ist man
viel mehr schuldig, als einem edlen Fräulein.

Konrad. Verzeiht, wenn eins von beiden euch
mißfiel. Der öftere Fall, wenn man doppelte
Worte wählt!

Emma. Konrad hätte darum, wie er nach
seinem graben Sinn immer zu thun pflegt, das
erste für das Beste halten sollen.

Gertrud. Habt ihr das verstanden Konrad?

Konrad. (lächelnd) Ich werde doch ein Sprich=
wort verstehen, Gertrud!

Gertrud. Ja, das ist so nun ein Sprichwort! –

Konrad. Das ihr allein deuten zu können
glaubt, — nicht? — Nun, wenn ihr in der Kunst
zu deuten so wohl erfahren seyd, Gertrud, so
sagt mir doch, wies kommt, daß mir zuvor des
Fräuleins trauriger Gesang, so eine unbeschreibli=
che Freude gemacht hat? —

Emma. Hat er das, Konrad?

Konrad. Wohl, Fräulein!

Gertrud. (erstaunt.) Freude gemacht, sagt
ihr? Ists möglich! Das kann euch Freude ma=
chen, wenn ihr hört, wie ein armes unschuldiges
Blut verführt, dem Elende, der Verzweiflung und
dem — Gott sey bey uns! — Preiß gegeben wird?

Konrad. Das nicht! Mich durchlauft sowohl
wie euch ein kalter Schauer, wenn ich an Ber=
thas Schicksal gedenke. Schon als Knabe hät=
te

te ich dem schändlichen Grafen den Schedel zertret=
ten mögen, weil er so falsch, so bundbrüchig, so
teuflisch seyn, und das arme Fräulein verlaffen
konnte! — Aber: Buhlerblut thut nicht gut! sagt
das Sprichwort.

Emma. Und: Treues Herz schützt vor Schmerz.
Ich meine immer, Bertha habe an ihrem Schick=
sal viel Theil.

Gertrud. Mags! Es ist gräulich zu hören,
wie sie sich so ohne Buffe in den Schlund gestürzt
hat, und nun zum Schrecken aller im Walde spu=
cken geht! — Uhu! Emma kommt! Es ist jetzt
eben in der bösen Stunde! ( Die Uhr schlägt zwölf,
mit steigender Furcht. ) Es ist so still, so heimlich! die
Luft so schauerlich! (ängstlich umherblickend.) Kommt
Fräulein, um Mitternacht ists nirgends geheuer!
Und Konrads Freude! — Nun, nun! Vorwitz
und Leichtsinn findet immer Strafe.

Konrad. Wunderliches Weib! Seht wie euch
kindische Furcht geißelt! Seyd meinetwegen ohne
Sorgen — Emmas Gesang war mir darum lieb=
lich und erfreulich, weil er mir einen Blick in ihre
vortrefliche Seele thun ließ, der mir unaussprech=
lich theuer war.

Emma. Konrad! ihr seyd wahrlich so schlau,
als tapfer.

Ger=

Gertrud. (mit starr geheftetem Blick aufs Gitterthor.) Ums Himmelswillen, was wankt dort für eine Gestalt?

Emma. (Bebend.) Was ist das? Konrad! (sie faßt ängstlich seine Hand.)

Konrad. Seyd ruhig, Fräulein. Kennt ihr denn unseren Burgfuchsen, den Ritter von Hilsenburg nicht?

Emma. Der?

Konrad. Kein anderer; denn er treibt sein Wesen auch in Mitternacht; da schleicht er wie ein Fuchs umher, und lauert und lauscht, und — und —

Emma. Uhu! Ritter Hilsenburg ist mir furchtbarer, wie ein Gespenst. Kommt Gertrud! ruht wohl, Konrad! (Geht mit Gertrud ab.)

## Vierter Auftritt.

### Ritter Hilsenburg, und Konrad.

R. Hilsenburg. Ihr seyd doch in der That ein Ritter sonder Furcht und Zagen, Konrad!

Konrad. Meint ihr das? Aber was bringt euch denn eben jetzt zu dieser sinnreichen Bemerkung?

R. Hilsenburg. Eure Gemeinschaft, die ihr mit den Geistern habt. — (Mit höhnischem Lächeln.) Warens nicht Geister, mit denen ihr da eben euer

We=

Wesen hattet? — Zwar holde, liebenswürdige
Geister! Sonderlich der eine! Unserm Fräulein so
ähnlich, wie ein Ey dem andern! — Das gute
Kind! — Gott sey ihrer armen Seele gnädig! —
Noch so jung, und geht schon bei lebendigem Leib
spucken! — Ist euch wohl sehr gewogen, der weib=
liche Geist? — Wie? — Hat euch wohl wichtige
Dinge zu vertrauen? — Was?

  **Konrad.** ( mit verbissener Wuth. ) Sehr wich=
tige, edler Ritter! —

  **R. Hilsenburg.** Das wäre! Darf ich sie
wohl auch wissen?

  **Konrad.** Ja, ihr, und jedermann.

  **R. Hilsenburg.** So thut doch so wohl, mir
eins und das andere davon zu vertrauen. — Aber
Wahrheit! Konrad.

  **Konrad.** Aechte Wahrheit! Ich dächte ihr
kenntet mich auf diesen Punkt? —

  **R. Hilsenburg.** Nun?

  **Konrad.** Emmas Geist — merkt wohl Rit=
ter! — Emmas Geist vertraute mir, daß hier auf
dieser Burg ein Teufel hause, der sich bemühe,
die Leute in dieser Burg zu Bubenstücken anzulei=
ten, die Unterthanen in Jammer, Elend, und
ewige Verzweiflung zu stürzen, der sich am Kummer,
am nagenden Harm der gedrückten Unschuld wei=
de; kurz! der das wahre Konterfey des Fürsten der
Finsterniß sey. — Und dieser Teufel sey — —

              Hil=

R. Hilsenburg. Nun? —

Konrad. Ein Ritter! Sein Name Augustin von Hilsenburg! — Habt ihr das vernommen (hönisch) edler Ritter? —

R. Hilsenburg. Konrad! Konrad! Vergeßt ihr, mit wem ihr redet? —

Konrad. Nicht doch! (ihm scharf ins Gesicht blickend.) Ihr seyd doch Ritter von Hilsenburg? — Ja, wahrlich ihr seyds! Oder dieser vermaledeyte Zug im Gesicht, diese schadenfrohe heuchlerische Mine, müßte ausser euch noch einem Sterblichen eigen seyn!

R. Hilsenburg. Ha! tobt nur! Wüterich! tobt nur! das Gericht wird euch schon ereilen. Ihr pocht vielleicht auf eure furchtbare Faust? Aber wartet, man wird sie euch starr machen! — Und wenn nichts euch bezwingt, so wird der Tod euch überwältigen! — Dann werdet ihr jammern, winseln, flehen, und einen Freund suchen, der euch rettet, tröstet, und keiner wird sich eurer erbarmen! Und ihr werdet eure Seele aushauchen, und in den Flammenschlund hinabfahren!

Konrad. Zu euren Zöglingen, nicht? Nein Ritter, nichts vermag einen Sterbenden zu trösten, als sein guter vergangener Wandel allein.

R. Hilsenburg. Wartet, bald soll euch ewiger Bann und ewiger Fluch als einen Verworfenen auszeichnen!

Konrad.

Konrad. Pah! mit eurem Fluch! Ihr wer=
det auch einst, von jedem bübischen Streiche, den
ihr verübt habt, Rechnung thun müssen! Dann
erst wird von ewigem Bann die Rede seyn. Und
dann werdet ihr fühlen, was ewiger Bann, mit
dem ihr hier Gespött treibt, ist. Wenn dann Ma=
thilde, die ihr durch eure Ränke morden halft!
wenn dann Andreas, den ihr durch eure teufli=
schen Rathschläge bisher zum Wüterich, zum Mör=
der der Unschuld machtet! — wenn dann die gan=
ze Zahl der Unglücklichen, deren Peiniger ihr waret,
wenn die alle vor dem Richterstuhl — an den ich
gewiß mehr glaube als ihr, — auftretten, und
ihre Stimme wieder euch erheben, dann wirds klar
werden, was für ein Ungeheuer ihr seyd, und
waret! — Das habt zum Gedächtniß! —

(Geht ab in die Burg.)

## Fünfter Auftritt.

### Ritter Hilfenburg, allein.

(Steht eine Weile vertieft in Gedanken, seine
Gesichtszüge deuten Wuth und Rache, er erwacht wie=
der.) Satan von einem Knappen! Kaum aus
den Knabenschuhen getretten, und doch fast
im Stande, einem das Gewissen heiß zu machen!
Fuhren mir, ob der Dinge, die ihm aus dem
Munde rollten, schier alle Glieder am Leibe zusam=
men.

men. — Rechnung thun müssen? Ewigen Bann
fühlen? — Mathilden morden helfen? Was das
für grausame Dinge sind! — Wo der verwegne
Bube nur alles das hernimmt! — Aber sollst mirs
büßen mißen, so wahr ich Ritter Augustin von
Hilsenburg heiße! Muß dirs jetzt freilich noch ein
Weilchen aufschreiben, weil ich dich zu allerley
Blendungen noch brauche, aber wenn alles reif
und gebrochen ist, sollst dus mit Entsetzen erfahren,
was es sagen will, dem Ritter Augustin von Hilsenburg offne Stirne zu bieten. —

( Geht ab in die Burg. )

# Sechster Auftritt.

### Konrad allein.

( Freudig. ) Sie liebt mich! Ja sie liebt mich!
Ihr mit himmlischer Güte erfüllter Blick! Ihre
mannigfaltige Anspielungen, so fein und deutlich!
Ihr sanfter traulicher Händedruck! Alles! Alles
versichert mich ihrer Liebe! — Fast daß sies diesen Abend selbst mit klaren Worten that! — Konrad! Konrad! welch eine wonnevolle Zukunft
lächelt dir entgegen! Von Emma geliebt, an ihrer
Seite sollst du sie durchwallen! Ihr Erwählter,
ihr Gatte seyn! — — Zwar — was traum ich!
— Als wenn nicht ungeheure Gebürge mir den
Lauf zu diesem seligen Ziele hemmten! —Emma hat
einen

einen Vater — und zwar einen rauhen, unbiegsamen
Vater! — Ach, daß in einem Menschenkopfe freu=
dige und furchtbare Gedanken so durcheinander
wühlen! — Ungeheure Gebürge sagte ich, und
doch achtet Emma, ein Mädchen ihrer nicht! wagts,
sie zu ersteigen! Und du Konrad! ein Mann, der
sich aus Ritterblut entsprossen weiß! sich Ritter=
fähig fühlt! tapfer genannt wird von Grauköpfen!
Du Konrad bebst vor ihnen zurück? Vor Hinder=
nissen, durch deren Bezwingung du Emma verdienen
solltest? O der Schande! — Ich versteh deinen
Wink, Emma! — Ich will mich rüsten, die Wi=
derwärtigkeiten unsrer Liebe zu bekämpfen! Land
und Gold und Gefolge hat dein Konrad nicht,
aber ein Herz sonder Trug, und eine Faust, ge=
lenk und nervigt! Beide machen durch Gottes Se=
gen oft berühmt und glücklich! — Ich wills wa=
gen! will deinem Vater meine Wünsche entdecken,
und wenn er sie billigt, begünstigt, dann gutes
liebvolles Mädchen! dann eile ich zu dir, und
gestehe dir unverholen, was mein Mund nicht
jetzt zu sagen wagt.

## Siebenter Auftritt.

### Ein Knappe, und Konrad.

**Knapp.** Ritter! es ist schon ein Uhr nach
Mitternacht.

Kon=

Konrad. (Verwundert.) Wie, wärs möglich, schon ein Uhr nach Mitternacht? Da wird sichs nicht mehr der Mühe lohnen schlafen zu gehen! — Ist schon alles bereit? —

Knapp. Ja, Ritter! Roß und Mann ist dazu bereit, die fremden Ritter sind auch schon alle versammelt. Sie schmausen und zechen in dem grossen Saal.

Konrad. Wohlan! so werd ich auch ein wenig darzu sehen.

(Gehen beide ab.)

Ende des ersten Aufzugs.

Zwei=

# Zweiter Aufzug.

(Ein walbige, angenehme Gegend, an der Seite ein Jagdhaus.)

## Erster Auftritt.

Knapp Konrad, Fräulein Emma, und Ritter Albert von Staufen.

(Emma liegt ohnmächtig in Konrads Armen, der Ritter hat einen Helm voll Wasser, womit sie das Fräulein zu laben suchen.)

Konrad. (Ruft ihr in das Ohr.)

Fräulein! Emma! Fräulein!

Emma. (Fängt an Athem zu holen, eröfnet langsam ihre Augen, und sagt mit schwacher Stimme.) Konrad!

Konrad. (freudig.) Emma! Seyd ihr wieder lebendig? Gott seys gedankt, und euch edler Ritter! Ach! Ihr habt ein treflithes Mädchen retten helfen.

Staufen. Für euch, wie es scheint, nun desto besser. Besorget ihr das weitere, Konrad!

Ich

Ich wills indeſſen dem Vater melden, daß die größte Gefahr vorüber iſt.

( Geht ab. )

## Zweiter Auftritt.

### Emma, Konrad.

**Konrad.** ( hat ſie noch im Arm, ſieht ſie ent=zückend an, drückt ſie an ſich, küßt ſie. ) Emma! Ich bitte, erholt euch!

**Emma.** ( Erholt ſich völlig, mit ſchwacher aber immer ſtärkerer Stimme. ) Wo bin ich? Wer ſeyd ihr, Ritter?

**Konrad.** Ich bin Knapp Konrad, gutes Fräu=lein! Kennt ihr mich nicht?

**Emma.** Ach Konrad! ihr mein Retter?

**Konrad.** Nein Fräulein! Nächſt Gott, war Albert von Staufen euer Retter.

**Emma.** Albert von Staufen? — So ſegne ihm Gott ſeine Dienſte! Aber wo iſt er denn? Wollte er meinen Dank nicht hören? —

**Konrad.** Er eilte zu eurem Vater, ihm eu=re Rückkehr ins Leben zu melden. Ihr habt einen ſchrecklichen Fall gethan, armes Fräulein! Doch keinen Schaden gelitten? —

**Emma.** Denke nicht; fühle wenigſtens kei=ne Schmerzen. — Aber ſagt mir doch, Konrad,

wie

wie das ist, Albert von Staufen, mein Retter?
und doch — erwacht ich nicht in euren Armen?

Konrad. Verzeiht edles Fräulein! Ich war
Alberts Gehilfe, und mein Arm eure Stütze. Könnt
ihr darüber zürnen?

Emma. Zürnen? Auf euch zürnen? — O
daß ihr mein Herz zu durchschauen vermöchtet! —
Gesteht mirs immer, Konrad, oder laßt mir wenigstens den schmeichelhaften Gedanken, daß Albert
von Staufen weniger Theil an meiner Genesung
habe, als ihr! — Sagt, womit soll ich euch lohnen? —

Konrad. Lohnen? — Eure Genesung ist der
höchste, süßeste Lohn. Aber wollt ihr mir wohl eine Bitte gewähren, so besteigt mein Roß, und
kehrt nach der Burg zurück; ich will euch den
nächsten Weg führen. Ritter Andres euer Vater, wird euch gewiß auch schon allda erwarten.

Emma. Ja, Konrad thut dies, ich bitte euch!
(Beide ab.)

# Dritter Auftritt.

(Zimmer in der Burg des Andreas, mit einem Tisch,
auf welchem ein Pokal stehet.)

## Ritter Andreas, und Knapp Kurd.

Andreas. (sitzt am Tisch, neben ihm steht der
Knapp.) Das Fräulein ist also gerettet?

Kurd.

Kurd. Ja edler Ritter!

Andreas. Wie giengs denn zu, daß das Fräulein vom Roß fiel?

Kurd. Das edle Fräulein ritt eben dem Jagdhaus zu, als plötzlich ein Hirsch hergesprengt kam, ihr Däne schreckte sich daran, wurde wild, fieng an zu steigen, machte einen Seitensatz, und Fräulein Emma stürzte zu Boden.

Andreas. Wer rettete denn das Fräulein?

Kurd. Dieß weiß ich eigentlich selbst nicht. Knapp Konrad sagte, der Ritter Albert von Staufen sey ihr Retter: und Ritter Albert von Staufen sagt wieder, Knapp Konrad sey ihr Retter.

Andreas. Ich sehs schon, daraus werd ich wohl nicht klug werden. Geh, ruf mir den Knapp Konrad her, wenn er mit dem Fräulein schon zurück gekommen ist.

Kurd. Gleich edler Ritter!

(Geht ab.)

## Vierter Auftritt.

### Ritter Andreas allein, dann Konrad.

Andreas. (Trinkt nachdenkend.) Wer mag wohl ihr Retter seyn? Ich glaub immer es ist Konrad. Wie soll ich ihn aber belohnen dafür; denn das verdient er wahrhaftig! – Ich muß ihm die Belohnung noch eine Weile schuldig bleiben! Ah, da kommt Konrad! (Konrad tritt ein.)

Kon-

**Konrad.** Gott grüß euch edler Ritter!

**Andreas.** Dank dir Konrad! Sag mir, was macht das Fräulein?

**Konrad.** So eben sind wir von der Jagd zurückgekommen, und das Fräulein gieng auf ihr Zimmer, um ein wenig ihres Schreckens wegen auszuruhen.

**Andreas.** Hat sie etwa einen Schaden gelitten?

**Konrad.** Nein, sie ist glücklich gestürzt.

**Andreas.** Und du hast sie gerettet?

**Konrad.** Nicht ich, Albert von Staufen!

**Andreas.** Nu! Nu! Ich weiß es schon, darfst nicht läugnen! Ich muß dir aber die Belohnung noch eine Weile schuldig bleiben dafür.

**Konrad.** Was ich that, Ritter! das war meine Schuldigkeit.

**Andreas.** Nicht wahr Konrad! Es ist doch wunderlich, daß die Zeit des Sausens so pfeilschnell verläuft! Kaum begonnen, schon zerronnen.

**Konrad.** Ist doch mit dem ganzen Leben so, Ritter!

**Andreas.** Freilich wohl, aber manche Stunden dehnen sich doch auch so verzweifelt in die Länge, daß man meinen sollte, es wären Täge und Wochen. — Hab dich eben rufen lassen, ein paar solche Schleicher mit dir zu verplaudern.

Kon=

**Konrad.** Hm! Ein Mann — ein Ritter, wie ihr, follt ich meinen, könnte nun eben über Langeweile nicht fehr zu klagen haben; feine Gedächtniß muß ihm meines Erachtens, ein fehr unterhaltender Gefellfchafter feyn. — Ihr habt doch in eurem Leben eine ziemliche Summe ritterlicher Thaten vollbracht, und ihrer zu gedenken —

**Andreas.** Ift nicht immer der befte Zeitvertreib. Sind manche fo verzweifelt beiffender Natur, daß ich fie gern auf immer vergeffen hätte. — Doch, da alfo die Rede davon ift, fo fag mir Konrad! Welche meiner ritterlichen Thaten dir wohl die rühmlichfte zu feyn dünkt?

**Konrad.** Das läßt fich nicht fo gleich beftimmen, Ritter, doch liegt mir eine ganz vorzüglich im Sinn, die ich wohl gethan haben möchte.

**Andreas** Nu, die wäre?

**Konrad.** Entfinnt ihr euch noch, wie ihr den Veit von Dillingen mit einem einzigen Lanzenftoffe von der Mähre ftürztet, und den rafenden Unhold fo in einem Hui vor Gottes Gericht hin überjagtet?

**Andreas.** Brachte mir nichts ein!

**Konrad.** Blanken Plunder freilich nicht, aber gewiß mehr Ehre, als hundert von euren übrigen Ritterthaten. — Wißt ihr noch, wie faft männiglich ob des kühnen Beginnens erftaunte. — Wie die armen gepreßten Lehnsleute und Unterthanen des graufammen Veits um euer Roß umher knieten,

ten, und euch mit gefalteten Händen, für ihre
Rettung dankten? — Wie dann sein unschuldiges
Weib, das sieben Jahre kein Taglicht gesehen,
keinen Zug einer frischen Luft geathmet, kein
trostreiches Wort aus Freundes Munde gehöret
hätte, wie die dann aus ihrem Kerker in Gottes
freie Welt heraus tratt, und niedersank auf ihre
Kniee, und ihren heissen Dank vor ihre endliche
Befreiung, bald Gott, bald euch stammelte? —
Und wie endlich Veits vertriebener Bruder zurück=
kehrte, seine Güter in Besitz nahm, und die fromme
gemißhandelte Wittwe zu einer glücklichen Gattin
machte? Wißt ihr das alles noch? Ritter!

Andreas. Weißt die Sache recht stattlich aus=
zumahlen.

Konrad. Nach der Wahrheit, Ritter! Tha=
ten, die das Gepräge des Eigennutzes nicht tra=
gen, die so ganz zum Heil und zur Freude ande=
rer geschehen, o, die sind so reiner himmlischer
Natur, daß die Heiligen selbst ihre Freude darüber
haben müssen!

Andreas. Traun, Konrad, wenn mich der
heilige Vater zu einer Wallfahrt ins gelobte Land
bewegen wollte, so müßt er dir die Predigt übertragen.

Konrad. Nicht doch Ritter! Nicht meine
Worte, die gute Sache selbst geht euch zu Herzen.
— — Sagt, wärt ihr wohl jetzt eines ähnlichen
guten Werkes fähig? Es bedarf keiner Fehde,

keines

keines Blutes! Nur eines einzigen günstigen Wor=
tes, und das lebenslängliche Glück eines Men=
schen ist gebaut!

Andreas. Erklärung, Konrad!

Konrad. Die Sache betrift mich, euren
Knappen.

Andreas. ( Steht eilig und freudig auf. )
Dich? — Rede! Rede! Was soll Andreas dir
thun? Doch nein — schweig! Möchtest mir sonst
zuvorkommen. Habe längst deine düstere schwer=
müthige Miene bemerkt, und die Ursache dersel=
ben errathen. Will dir deinen Wunsch gewähren.

Konrad. (freudig.) Wollt ihr, Ritter, wollt
ihr?

Andreas. Hättest es längst verdient! Wurdest
mir noch neuerdings vom Ritter Albert von Stau=
fen, wegen der Sorgfalt und des ritterlichen Ei=
fers, bey der Gefahr meiner Tochter gepriesen.
Sollst den Lohn aus ihrer eigenen Hand dafür
empfangen.

Konrad. Ritter! — Versteh ich euch recht?-

Andreas. Bist Freudetrunken? — Nu, nu!
bleib nur bey Sinnen. — Kann dirs nicht verar=
gen, daß du dich endlich aus der Knappenschaft
hinaus, und nach Helm und Schilde sehnst. Harre
nur noch einige Monden, so sollst du deines Wunsches
theilhaftig, und vor den Augen der Edelsten von
Schwaben, aufs feierlichste zum Ritter geschla=
gen

gen werden. Emma soll dich mit dem Ritterschwert
umgürten, soll Helm und Schild dir reichen.
Meine Burg am Walde sollst du zum Lehn empfangen, und einen Troß meiner Knechte darzu.
Wirst doch ein treuer Lehnsmann seyn? Mir aufs
erste Wort wider meine Feinde dienen, Gut und
Blut, wenns Noth thut, mit mir theilen?

Konrad. Dürft ihr meine Treue noch bezwei-
feln? Ha! daß ich mich sogleich in einen blutigen
Kampf für euch stürzen könnte! — Ihr habt mir
große Dinge verheissen, Ritter! Dinge die meines
sehnlichsten Wunsches werth sind! — Und doch
giebt es noch ein höheres Gut auf Erden nach dem
ich trachte! ohne welches mir alle übrigen nichts
nützen, mich nicht erfreuen, mich nicht glücklich
machen!

Andreas. Das ich dir aber zu geben vermag?

Konrad. Ihr, Ritter! sonst keiner!

Andreas. Und dies Gut wäre? —

Konrad. Emma! eure Tochter. —

Andreas. (auffahrend.) Was? — Meine Tochter! — — Uebermüthiger stolzer Knappe, wo ge-
denkst du hin! Dir meine Tochter? Wer bist du
denn? — Sag, wem gehören die vier Schlösser gegen
Morgen? —

Konrad. (Steht ganz betäubt da.) Euch! —

Andreas

Andreas. Die drei gegen Mittag, wem sind die eigen? —

Konrad. Euch! —

Andreas. Und wer ist Herr von denen gegen Abend und Mitternacht? —

Konrad. Ihr!

Andreas. Und die ächten vollwichtigen Schätzen, die hier in dieser Burg verwahrt liegen, wessen Eigenthum sind die? —

Konrad. Bedarfs einer Antwort? —

Andreas. Gelt! das alles zusammen genommen macht einen stattlichen Brautschatz? Lüstete manchen schon darnach! — Sag an, Knapp! Wo liegen deine Schlößer und Schätze? — Im Monde vielleicht? Wohlan! Bringe sie herab, und mache sie sichtbar, so soll Emma, meine Tochter dir werden! Aber so wie du da stehst, leicht und luftig! überall unterm freien Himmel zu Hause, — so wärst du mir traun ein achtbahrer Eidam.

Konrad. (Erwacht aus seiner Betäubung, schlägt sich vor die Stirne.) Ritter! Ritter! Um der ewigen Seligkeit willen! Haltet ein! und treibt mir euren Gift nicht so gewaltsam zu Herzen. Ich war auf viele Bitterkeiten gefaßt, aber solche Schmähungen, solchen Spott. Ha, Ritter! — hab ich den um euch verdient? — Ihr wollt wissen wo meine Schlößer und Schätze liegen? — Hier in meinem rechten Arm, wenn ich will.

Nicht

Nicht wahr, die eurigen lagen einst auch da? Und mit diesem rechten Arm gedenke ich — der Sprößling eines ächten deutschen Ritters! — dereinst eurem schändlichen Spott zu rächen , so wahr ich Konrad heiße! — ( Will gehen, bleibt wieder. )

Andreas. Geh nur! Aber deinem lieblichen Vögelein, das dir den wonnichten Minnegesang flötet, und das, wie Hilsenburg wissen will, im mitternächtlichen Mondenscheine umschwebt, diesem deinen V. . . . , wollen wir einen engern Käfig geben, damit es nicht so leichtsinnig umhergaukele, und auf der Leimruthe kleben bleibe ! —

Konrad. Was wollt ihr beginnen, Ritter? — Eure Tochter einkerkern ? Seht wie ihr mit euch selbst im Widerspruch seyd ! Eure Tochter, eure unschuldige Emma, die nichts verbrach, wollt ihr um eines Knappen willen leiden lassen? —

Andreas. Unschuldig ? — Ist ein Mädchen, das seinem Paladin um Mitternacht nachschleicht, noch so zu nennen? —

Konrad. ( für sich. ) Ha ! Hilsenburg , ein neues Meisterstück! — Ritter! Seyd gerecht! Seyd Vater! —

Andreas. Keine Predigt weiter ! Emma in den Thurm, und du mir aus den Augen.

Konrad. ( Schlägt sich vor die Stirne, und geht verzweifelnd ab. )

Andreas.

Andreas allein. (ſieht ihm nach.) Geh, jun=
ger Adler! Haſt dich zu nahe an die Sonne ge=
wagt, und dirs Hirn verſengt! Magſt flattern!
(Denkt eine Weile nach.) Iſt aber doch ein treuer,
ehrlicher Knappe! Ich kann ihms aber doch auch
nicht verargen, daß er um meine Tochter warb,
denn ſie iſt ſchön, und iſt es denn auch ein Ver=
brechen, um ein ſchönes Fräulein zu werben? Pfui!
Andreas, haſt deinem Knapp übel begegnet; ihn
beſchimpft, gehöhnt, gemartert! — Wär er Ritter,
dann würdeſt dus ihm ſchwer büßen müßen! —
Muß ihm friedliche Sühne bieten! — (Man hört
Trompetenſtoß. )

## Fünfter Auftritt.

#### Ritter Andreas, Knapp Kurd tritt ein.

Kurd. Ritter! ſo eben ſind Bothen von Zabel=
ſtein angekommen: ſie bitten bey euch vorgelaſſen
zu werden.

Andreas. Was werden wohl die wollen, und
vorzutragen haben?

Kurd. Ich weiß nicht. Sie ſagten, ſie hät=
ten eiligſt, und von ſehr wichtigen Dingen mit
euch zu reden.

Andreas. Laßt ſie kommen!

Kurd. Gleich edler Ritter! (geht ab.)

Sechs=

## Sechster Auftritt.

### Ritter Andreas allein.

(Nachdenkend) Zavelsteiner Bothen? Von wich=
tigen Dingen zu sprechen? Oder sollten sie wohl
etwa gar Fehde bringen! und ich hätte meinen
Konrad nicht dabey? ( Man hört kommen. ) Doch
still! sie kommen schon.

## Siebenter Auftritt.

### Ritter Andreas, und die Bothen.

1. Both. Gott grüß euch, edler Ritter!

Andreas. Dank euch, was bringt ihr für
Bothschaft?

1. Both. Zu erst einen freundschaftlichen
Gruß von unserm Burggrafen, und dann hört
unsern Auftrag! Wir kommen, euch im Namen un=
sers Burggrafen, um nachbarliche, und ritterliche
Hülfe zu bitten; massen der schwarze Hanns uns
Fehde gebothen, und einen sehr namhaften Troß
führet, unserm Burggrafen es aber an sattsamer
Mannschaft mangelt.

Andreas. Geht heim, und bringt eurem Burg=
grafen meinen freundschaftlichen Gruß, und sagt
ihm: daß ich mit meinen Leuten selbst nach Zavel=
stein ziehen, und den schwarzen Hanns mit unver=
hoftem Solde heim senden werde.

Alle.

Alle Bothen. Wir danken euch im Namen unsers Burggrafen.

Andreas. Geht, und laßt euch aus meinem Keller den besten Wein einschenken, und trinkt auf mein und eures Burggrafen Gesundheit.

Alle Bothen. Wir danken euch. Gott behüt euch edler Ritter! (Bothen ab.)

## Achter Auftritt.

### Ritter Andreas allein, hernach Kurd.

(Denkt nach.) Fehde also! Und Konrad sollte nicht mitziehen? Er muß mit, ich muß ihn zurück rufen, und ihn zu versöhnen suchen (ruft) He, he! (Kurd tritt ein, bleibt unter der Thüre mit mehreren Knappen stehen.) Wo ist Knapp Konrad, laßt mir ihn kommen!

Kurd. Ist nicht mehr in eurer Burg, ist trüben Sinnes von dannen gezogen, und nicht wieder heimgekehrt.

Andreas. Sitzt auf, ihr Knechte! sucht ihn auf, und welcher aus euch mir ihn unbeschädigt zurück bringt, dem verspreche ich auf mein Ritterwort, eine Münze von schwerem Gold.

Alle Knechte. Ja dies wollen wir, Ritter.

(Gehen alle ab.)

Neun-

## Neunter Auftritt.

### Ritter Andreas allein,

( Nachdenkend. ) Und ich will gehen, will mir
einen Troß meiner besten Knechte und Rosse aus=
suchen! sie bewafnen, und in Bereitschaft setzen,
um nach der Zabelsteiner Burg ziehen zu können.

(Geht ab.)

## Zehnter Auftritt.

( Walbige Gegend, in der Ferne eine Burg, welche
ganz schwach beleuchtet ist; es ist Nacht. )

### Knapp Konrad allein.

( Sitzt in seiner Rüstung auf einem Hügel, ge=
stützt anf seinen rechten Arm, in Gedanken vertieft,
dann fährt er erschrocken auf. ) Wo bin ich? ha6
ich geträumt, oder traum ich jetzt? — Es ist
Nacht! Eine kalte schauerliche Nacht. — Ja, ja!
ich wache, ich höre den Tobtenruf des einsam=
men Käuzleins, fühle den Tau des Bodens, weiß
daß ich mich bewege. Gewiß, ich wache! — Aber
als ich um Emma warb, träumt ich! — So
ists. Dieser wonnenvolle, an Hofnungen so reiche
Abend, war Traum, Vorgefühl eines andern glück=
lichen Lebens! Und diese schaubervolle öde Nacht,
ist Wahrheit! — Hm! ein Tag ist eine so kurze
Zeit,

Zeit, eine Reihe weniger Stunden! — und doch kann der Mensch zwischen Morgen und Abend, vom Himmel in die Hölle hinabgestürzet werden! — Andreas! Andreas! Bist du nach dem Ebenbilde Gottes geschaffen? — Deine Tochter konntest du mir versagen; aber mir mit so tödtender Verachtung die Ferse auf den Nacken zu setzen, das war zu viel, für den Sohn eines freien deutschen Ritters! Und deine Tochter, deine Emma soll Konrads Kühnheit büßen? Im Thurm, gleich einer Verbrecherin büßen? — Nein, Ritter! Konrad wagte oft sein Leben für dich, nun wagt er$ auch für deine Tochter. — Horch! Wer kommt da?

## Eilfter Auftritt.

Voriger, ein Schäferknab, (mit einer Laterne in der Hand, singt ein lustiges Liedchen.)

**Konrad.** Wer da?

**Schäferknab.** Ich bins. (Geht hin, und leuchtet mit der Laterne ihm ins Gesicht.)

**Konrad.** Ja, wer bist du!

**Schäferknab.** Ich bin ein Schäferknab, und diene dem Graf Johann, in dieser Burg, welche ihr hier in der Ferne sehet.

**Konrad.** Wie heißt diese Burg?

**Schäferknab.** Sie heißt Johannsburg.

Kon=

**Konrad.** Johannsburg? Hm! —— Aber
sag mir Junge, was machst du denn in der späten
pechfinsteren Nacht noch auf der Straffe hier?

**Schäferknab.** Unser Herr Ritter schickt mich
schon öfters mit Briefen an einen Alten, welcher
hier tief im Walde seine Hütte hat, und dieser
giebt mir denn wieder einen Brief an unsern Herrn
Ritter.

**Konrad.** Dauret dieses Brieftragen schon
lange?

**Schäferknab.** ( denkt nach. ) Ja, schon eine
ziemliche Zeit, aber vorher wars nicht so stark,
als jetzt seit einer kurzen Zeit.

**Konrad.** ( für sich. ) Hm! Was mögen wohl
diese zwey im Schilde führen? — Sag mir, Junge! Fürchtest du dich nicht, bey der Nacht so
allein zu gehen?

**Schäferknab.** Nein, warum soll ich mich
fürchten? Nur jene Leute müßen sich fürchten, die
sich schlechter Handlungen schuldig wissen, ich aber
weiß mich nichts schuldig.

**Konrad.** ( für sich. ) Ein guter Bursche! Sag
mir wie heißt du?

**Schäferknab.** Ich heiß Görge! — Aber Ritter! Ihr habt mich schon so viel ausgefraget, und
ich hab euch Rede und Antwort gegeben, nicht wahr?

**Konrad.** Ja!

Schäfer=

**Schäferknab.** Darf ich euch auch etwas fragen?

**Konrad.** Nu?

**Schäferknab.** Sagt mir Ritter, wie kommt dann ihr in dieser pechfinstern Nacht, so ganz allein hieher?

**Konrad.** (etwas verlegen.) Ich — Ich — ich hab mich hieher verirrt!

**Schäferknab.** Verirrt? Nun sagt mir wo ihr hin wollt, ich will euch auf den rechten Weg weisen.

**Konrad.** Ich dank dir guter Junge! (für sich, deutet auf seinen Kopf) auf diesen rechten Weg, wirst du mich wohl schwerlich weisen können. (Giebt ihm Geld.) Geh jetzt deinen Weg, und dieß nimm hier für deinen guten Willen.

**Schäferknab.** Dank euch von Herzen, guter Ritter! Gott behüt euch! Lebt wohl! Juhe! Jetzt hab ich auch Geld, wie unser Herr Ritter. (Läuft singend ab.)

**Konrad.** (Sieht ihm nach.) Wie glücklich denkt sich der Bube zu seyn, mit diesem wenigen Gelde! hab doch auch eine Summe Geld, und doch bin ich unglücklich! (Man hört ein Geträpp.) Horch! Der Schlag von Rosses Hufen, — oder ists ein nächtliches Ungethüm, das auf der Heide daher eilt?

Zwölf=

## Zwölfter Auftritt.

Knapp Konrad, Knapp Kurd, (mit einigen
Reisigen, die Fakeln haben.)

Kurd. (zu den Reisigen.) Sucht nur diesen
Wald durch, und er wird, und muß da zu finden seyn. (Reisige sehen herum.)

Konrad. (für sich) Ha, das ist Kurd. Wohin aus Kurd?

Kurd. Wer bist du Nachtwandler?

Konrad. Kennst du mich Kurd?

Konrad. Was hör ich recht? — Seyd ihr
nicht Konrad?

Konrad. Mit Leib und Seel!

Kurd. Nun sagt mir ums Himmelswillen!
Wie euch das Ungemach in der pechfinstern Nacht,
nach Johannsburg geschlagen hat? — Habt ihr
etwa dem Ritter da, den jüngsten Tag verkün-
digt? Gott sey Millionenmahl Dank, daß wir
euch ertappt haben! —

Konrad. Bist du bey Sinnen, Kurd?

Kurd. Bey allen fünfen, edler Herr! aber
deutet mirs wie ihr wollt, den eurigen habt ihr
gewiß heute einen Feyertag gegeben. Lauft da in
des lieben Gottes Irrgarten umher, ohne ein ge-
benedeites Wörtchen davon zu wissen, wo aus,
noch ein? —

Konrad

**Konrad.** Bist lustiger Laune, Kurd!

**Kurd.** Mein väterliches Erbtheil! – Aber sagt mir ernstlich, Konrad, was ist eures Thuns allhier?

**Konrad.** Weiß nicht, Kurd! Das Deinige?

**Kurd.** Euch zu suchen.

**Konrad.** (etwas bissig) Zu binden, und in den Thurm zu werfen! nicht?

**Kurd.** Seyd ihr kranken Hirns, armer Konrad? Binden? — Hat sich was zu binden! Hab zwar mein Lebtag seltsame Dinge gesehen, aber einen gebundenen Löwen noch nicht! Ritter Andreas hat fast alle seine Reisige ausgesandt, euch zu suchen. — Kommt Konrad! sitzt auf, und sputet euch! Es giebt Morgen Fehde?

**Konrad.** (wie neu belebt.) Was, Fehde?

**Kurd.** Ja, und tüchtige Fehde!

**Konrad.** Aber wie gieng das zu?

**Kurd.** Hört also! Bald nach euer Auswanderung kamen Zavelsteiner Bothen auf unserer Burg an, hattens mit dem Ritter Andreas sehr geheim, und jagten bald wieder von dannen. Nun wißt ihr wohl, daß ihr des Ritters Meissel beim Handwerk seyd. Säumet also nicht. Er harret euer, wie ein Weib in Kindesnöthen auf die Wehmutter.

**Konrad.** Hat sich sonst nichts begeben? Kurd! –

**Kurd.**

**Kurd.** Nichts edler Herr! Männiglich ist mit dem Heeres-Geräthe beschäftigt. Mit Tages Anbruch muß Roß und Mann schon auf der Straße seyn! —

**Konrad.** Ha! Kurd! Daß ich dir die Mähre nicht gleich mit hundert Marck löthigen Silber bezahlen kann! Sollst sie gut behalten! —

**Kurd.** Dem Himmel seys gedankt! Nun seyd ihr wieder Konrad. — Fort also, Fehde!

**Konrad.** } Zugleich im Abgehen. Fehde! Fehde!
**Kurd.**

(ab.)

## Dreizehnter Auftritt.

### Die zwei Bothen von Zabelstein.

2. **Both.** (Zu dem ersten.) Du! (sieht verdächtig herum.)

1. **Both.** Nu?

2. **Both.** Hast du nichts gehört?

1. **Both.** Ja, aber warum fragst du?

2. **Both.** Was glaubst du, wer mag wohl hier gewesen seyn?

1. **Both.** Wer sonst als Menschen.

2. **Both.** Ja, daß es keine Elephanten waren, dieß weiß ich schon. Wer sie aber waren, das möcht ich wissen. Aber du!

1. **Both.** Nun?

K                    .1. Both.

2. Both. Jetzt fällt mir was ein.

1. Both. Was denn schon wieder?

2. Both. Obs etwan nicht gar Reisige und Knechte vom schwarzen Hanns geweßt sind?

1. Both. Ach, was fällt dir ein : warum nicht gar die Geister unserer Vorältern? Da komm her und setz dich nieder, und trinken wir lieber einmahl eins. ( Sie setzen sich auf den Boden, 1. Both nimmt eine Flasche heraus, giebt sie ihm, er trinkt.)

2. Both. Ach! das ist ein guter Trunk. Einen guten Wein hat Ritter Andreas in seinem Keller, das muß man ihm nachsagen.

## Vierzehnter Auftritt.

### Schäferknab, die Vorigen.

Schäferknab. (Singt wieder ein Liedchen.)

2. Both. Nu, so regieren auch die lustigen Geister bey der Nacht hier? Wer mag wohl auch das wieder seyn?

1. Both. Nun wer wirds seyn, vielleicht schickt Ritter Andreas seinen lustigen Knappen Kurd voraus in unsere Zavelsteiner Burg.

2. Both. Das kann auch seyn. (Zu Schäfer-knab.) Wer bist du lustiger Vogel!

Schäferknab Ich bin kein Vogel, ich bin (für sich.) Ja was soll ich sagen! —ich bins.

1. Both.

1. **Both.** Wer aber ist der Ich?

**Schäferknab.** Ich bin der Görge, Graf Johanns geheimer Briefboth, aber nur bei der Nacht.

2. **Both.** Graf Johanns geheimer Briefboth? Und warum denn just bei der Nacht?

**Schäferknab.** Ja dieß weiß ich nicht, da mußt ihr den Ritter selbst fragen.

1. **Both.** Hm, hm! An wen ist denn der Brief, den du hier hast?

**Schäferknab.** An einen nicht weit von hier seitwärts dem Walde hinein liegenden Alten.

2. **Both.** Laß die Aufschrift des Briefes ein wenig lesen.

**Schäferknab.** Wollt ihr auch wissen, was hier geschrieben steht.

1. **Both.** Ey zu was dieß?

2. **Both.** Warum denn nicht? Laß hören.

**Schäferknab.** So merkt also wohl auf; hier steht geschrieben: Was dich nicht angeht, das laß liegen; und was dich nicht brennt, das blaß nicht. Gott befohlen! ( läuft ab. )

## Fünfzehnter Auftritt.

### Vorige, ohne Schäferknab.

2. **Both.** ( ruft ihm nach. ) Warte Bursche, ich will dir deine Grobheit bezahlen!

1. **Both.**

1. Both. Siehst du, sogar junge Burschen müßen dich wegen deinem verdammten Vorwitz aus= zahlen.

2. Both. Hätt ich ihn nur da, ich wollt ihn schon zurück zahlen.

1. Both. Still! jetzt ist genug geplaudert! Marsch fort, nach Haus, unser Ritter wird so schon mit Angst auf uns warten!

2. Both. Meinetwegen so gehn wir, unter= wegs können wir noch plaudern genug.

(Beide gehen ab.)

## Sechzehnter Auftritt.

(Vorsaal in der Andreas=Burg, rechts und in der Mitte eine Thür, links ein offenes Fenster.)

Emma und Gertrud, kommen von der Sei= tenthür.

Emma. (Weint.)

Gertrud. Ich bitte euch Fräulein, beruhigt euch.

Emma. Beruhigen, sagt ihr? O! wärt ihr an meiner Stelle, ihr würdet gewiß nicht so denken.

Gertrud. Fräulein! wenn ihr wüßtet, daß ich den Schmerz, welchen ihr fühlet, gewiß eben so fühle: O! ihr würdet gewiß anders von mir denken!

Emma.

**Emma.** Verzeiht Gertrud, aber wo bleibt denn Konrad so lange? Sollte denn Emma dem stolzen Konrad auf einmahl so klein geworden seyn, daß er sie nicht einmahl eines Lebewohls würdigen sollte!

**Gertrud.** Glaubt dieß nicht Fräulein! Er wird gewiß noch kommen.

**Emma.** Kommen, sagt ihr? Habt ihr denn nicht gesehen, daß schon die meisten Knechte und Reisige, aus der Burg nach Zavelstein gezogen, und ist nicht selbst mein Vater schon mit ihnen weggezogen.

**Gertrud.** Ja, Fräulein, alles wahr: aber es sind doch noch die meisten hier, und werden erst mit eurem Konrad abziehen. Ich sah ihn erst von eurem Fenster, er gieng noch in der Burg herum, ich glaub umzusehen, ob alles in guter Verwahrung sey.

**Emma.** Kaum kann ich dieß glauben, ihr wollt mich nur dadurch zu beruhigen suchen.

**Gertrud.** Nein gewiß nicht Fräulein, ihr werdet sehen.

## Siebenzehnter Auftritt.

Knapp Konrad in Rüstung, Vorige.

**Gertrud.** Seht Fräulein! da kommt er eben. Jetzt werd ich wohl 'nicht nothwendig seyn. (Geht ab.)

**Konrad.**

Konrad. Verzeiht Fräulein, wenn ich etwa zu ungelegener Zeit komme, ich wollt nur Abschied von euch nehmen.

Emma. ( Mit Regung der Freude , schmachtend. ) Konrad! ihr seyd mir all' willkommen — und ihr wollt mich schon verlaffen?

Konrad. Verlaffen? Ich? Ich euch verlaffen? Nein verlaffen werd ich euch ewig nicht, nur auf eine Zeit müßen wir uns trennen.

Emma. Dörft ich nach meinen Willen, nach meines Herzens Gelüsten mit euch gebieten, so solltet ihr mir euer Lebelang nicht von dieser Burg weg, wenn nicht Nothwendigkeit, Ehre und Ritterpflicht es erfodern.

Konrad. Ihr seyd gütig Fräulein!

Emma. Mögt ihr wohl glauben, Konrad, daß euch mein Herz, einen Augenblick lang in einem schändlichen Verdacht gehabt hat?

Konrad. Ich bin schon zu Zeiten so unglücklich, auch bey aller Unbefangenheit und Unschuld in einem verdächtigen Lichte zu erscheinen, besonders aber beschäftigt sich unser Burgfuchs, der Ritter von Hilsenburg, mich bey eurem Vater verdächtig zu machen.

Emma. So böse wars mit meinem Verdacht nicht gemeint, lieber Konrad! Der Verdacht, der sich meines Herzens gegen euch bemächtigte, daurte nur einen Augenblick, hatte nur Beziehung

auf

auf mich, und schändete euch nicht. Als unsere
Reisige und Knappen vor einer Weile fürbaß zogen, da floh ich ans Fenster, und spähte nach
euch, und als euch mein Auge nicht fand, so
wähnt ich, daß ihr, um dem Abschiedsgruße
von mir auszuweichen, schon voraus geeilt wärt.

Konrad. Eure Zofe sah mich doch in der
Burg herum gehen.

Emma. Das sagte sie mir, aber ich glaubte
ihr nicht, ich vermeinte, sie suche mich nur dadurch zu trösten, und dahero brach ich in den
lauten Vorwurf gegen euch aus: Dem Stolzen ist
Emma zu klein, als daß er sie eines Lebewohls
würdigen sollte!

Konrad. Emma mir zu klein? Ihr, die
Schönste, Holdeste, Edelherzigste? Ihr dem armen
Knappen Konrad zu klein? Bey Gott nein! Nur
ich, ich bin zu klein dazu!

Emma. Ich that euch unrecht guter Konrad! Wollt ihr, könnt ihr mir verzeihen? O es
ist ja so süß, für beide Theile so süß: Verzeihung
zu gewähren, und Verzeihung zu empfangen!

Konrad. (stürzt ihr zu Füßen, faßt ihre Hand,
und küßt sie feurig.) O Emma, Engelseele,
Emma! ihr tödtet mich mit euer Güte! (schnell
aufspringend.) Elender! was machst du — was be-
ginnst du in der Verwirrung deiner Sinne? Verzeiht — verzeiht einem Unglücklichen, dem sein Miß-
ge-

geschick den hämischen Streich spielte , daß er nicht
Ritter, nicht auch so reich ist , um eine Emma
von Kühnseck besitzen zu können. Verzeiht! verzeiht einem Elenden! (will gehen.)

Emma. (Ihn zurückhaltend.) Konrad! was
ist euch denn, was stürmt euch denn?

Konrad. Ich bin unglücklich Emma! aber
ich wills seyn, wills allein seyn! — Laßt mich ,
ich muß fort mit den übrigen Leuten, denn die
andern sind schon weit vor aus.

Emma. Ohne ein Lebewohl, Konrad! ohne
zu sagen: Gott behüt euch!

Konrad. Gott behüt euch! Der Engel der
Unschuld erhalte euer Herz in dieser Unbefangenheit !

Emma. Weiter hat Konrad mir nichts zu
sagen?

Konrad. Was soll ich, was darf ich euch
mehr sagen?

Emma. Ich sehs euch an, es liegt euch noch
was am Herzen, Konrad! Ich laß euch auch nicht
von bannen, bis ihr mir nicht ein offenherziges
Bekenntniß abgelegt habt.

Konrad. Ists Grausamkeit, oder ists Güte,
was euch zu dieser Forderung bestimmt?

Emma. Wenn es nun weder das eine, noch
das andere wäre ? Wenn nun mein Herz allein
mich zu dieser Forderung berechtigte?

Kon-

**Konrad.** Dann ists Güte von euch, und ich darf euch unverholen bekennen, was an meinem Herzen nagt. Aber was ich der holden Emma bekennen werde, das darf die Tochter des Ritters Andreas von Kühneck nicht wissen.

**Emma.** Sie solls auch nicht wissen, wie wohl sie alles, was Konrad dem Mädchen Emma zu sagen hat, ohne seine Gefahr wissen könnte. Eure Herzens=Angelegenheit also?

**Konrad.** Ist Liebe zu Emma! — Ihr staunt? Ihr weicht erschrocken zurück? Ja Emma, ich bekenne, daß ich zu weit gegangen bin — daß ich es gewagt habe, mein Auge zu Andres Tochter zu erheben, — daß ich den kühnen, frevelhaften Wunsch in mir aufkeimen ließ, euch mein nennen zu dürfen! Verzeiht! Verzeiht Emma! eine unglückliche Leidenschaft riß mich dazu.

**Emma.** (faßt seine beide Hände.) Konrad!

**Konrad.** Soll ich sagen, wohl mir, oder wehe mir, daß ich wieder in die Andreas=Burg zurück kehrte? — Ach Fräulein! ich hab viel gelitten um euch, ich habe gekämpft und gerungen! Und kann mich des Sieges doch nicht ganz rühmen!

**Emma.** Konrad! Konrad! Verzeihung der Unglücklichen, die eure Ruhe tödtete, euch so viele Qualen bereitete!

Kon=

Konrad. Nicht ihr, holdes Fräulein! nicht ihr, sondern die Unbändigkeit meiner Leidenschaft auf der einen, die Schwäche meiner Vernunft auf der andern Seite, tödteten meine Ruhe, schufen mir die Quaalen.

Emma. Nein Konrad! ich. — ich allein bin die Schuldige. — Ich sah euch, lernte euch recht kennen, und Liebe loderte, wie eine verzehrende Flamme, in meinem Herzen auf; sie ergoß sich in mir wie ein Feuerstrom, und leuchtete wie ein Blitzstrahl aus meinen Augen. — Sah ich euch aus der Burg gehen, so gab ich euch meine Liebe zur Geleitschaft mit, — sah ich euch wieder zu Haus kommen, o! so floh mein Herz mit Liebe euch entgegen, — saßen wir Mittags am Tisch, so wechselte ich meinen Pockal mit dem eurigen.

Konrad. (höchst erstaunt und freudig.) Emma! Ihr liebt mich? Die Tochter des Ritters Andreas von Kühnseck, des reichesten Ritters in ganz Schwaben, den armen Konrad?

Emma. Ihr seyd guter Abkunft — Ihr seyd Konrad von Hohenberg! Wärs der Tochter des Ritters Andreas eine Schande, solch einen Mann zu lieben? Oder — ( mit ausgebreiteten Armen ) verschmäht ihr Emmas Liebe?

Konrad. ( ihr in die Arme stürzend.) Nein! Bey Gott nein, Emma! — Engel! Emma! — Ewig, ewig!

Emma.

Emma. Hand in Hand und Herz: gelobet und schwöret! —

Konrad. Ich gelobe und schwöre —

Beide. Ewige — ewige Liebe!

Konrad. Gott hört unser Gelübde, und unsere Schwüre, Emma! — er wird uns auch segnen.

Emma. Ja, er wird uns segnen, Geliebter! und mit euch seyn in Kampf und Fährlichkeiten, und das Herz meines Vaters euch zuwenden, daß er euch selbst darbiethe was wir uns jetzt gelobet und geschworen haben. Bis dahin lieber Konrad! —

Konrad. Was fordert Emma von ihrem Konrad?

Emma. Tiefes Schweigen, und Harren in Geduld.

Konrad. Dieß versprech ich euch, bey meiner Liebe zu euch! — ( Man hört mit Trompeten Marsch blasen. )

Emma. (erschroken.) Was ist das?

Konrad. Man ruft mich zum Abmarsch. ( Nimmt ihre Hand, küßt und drückt sie heftig. ) Ich muß fort, Gott behüte euch, und lebt wohl! ( will fort. )

Emma.

Emma. (Hält ihn zurück.) Weilet nur noch
einen Augenblick — eine einzige Bitte habe ich noch
an euch.

Konrad. Emma darf nicht bitten, sondern
nur befehlen mit ihrem Konrad — die Bitte wä=
re? —

Emma. In der bevorstehenden Fehde eures
Lebens zu schonen, denn ich habe heute Nacht im
Traume euch in eine tiefe Grube sinken sehen, und
das kann unmöglich etwas gutes bedeuten.

Konrad. Schonen? Schonen, darf ich mich
nicht, kein Ritter, kein Knapp darf das—Was aber die
tiefe Grube betrift, über dieß dürft ihr euch nicht
kümmern, denn dieß ist nichts als Phantasie.

Emma. Aber ihr wagt euch immer ins furcht=
barste Gewühl, wo der Tod am wohlfeilsten ist.
Ihr seyd freilich tapfer, lieber Konrad, aber wi=
der den Unstern vermögt ihr doch nicht zu käm=
pfen; und wenn euch ein Unglück übermannte —
euer Leben euch raubte — dann Konrad! —
(Ritter Hilfenburg behorcht sie bei der Thür, geht
dann wieder ab.)

Konrad. (sie ausforschend.) Nun, dann wird
man den Knappen begraben, vielleicht ihm eine
Tanne auf den Hügel setzen, und zuweilen seiner
als eines Traumbilds gedenken, nicht Fräulein?

Emma.

**Emma.** ( liebvoll. ) Als eines Traumbildes?
Mein Konrad , ewig würde man euch nicht ver=
gessen, ich aber würde euch gewiß nicht lange
überleben. ( Man hört wieder Marsch blasen. )

**Konrad.** Ha ! Man ruft mich schon zum
zweitenmal , nun muß ich fort. ( Sie umarmen und
küßen sich. )

**Beide.** Gott behüt euch ! und lebt wohl !

**Emma.** ( weinend. ) Konrad , schonet eures
Lebens , das wachende Aug Gottes geleite und
schütze euch ! — Denkt auch im wildesten Kampfe
an Emma , die für euch betet ! Schützet meinen
Vater , damit auch er nicht in der Gefahr umkom=
me ! ( Umarmen sich. )

**Beide.** Lebt wohl ! ( Emma geht gegen die Sei=
tenthür und Konrad gegen die Mittelthür, sehen sich
nochmahls um , gehen gegen einander und umarmen
sich heftig. )

**Beide.** Lebt wohl ! ( Gehen beide ab. )
( Man hört wieder Marsch blasen; zwischen dem zwei=
ten und dritten Aufzug kriegerische Musik. )


Ende des zweiten Aufzugs.


Drit=

# Dritter Aufzug.

---

(Zimmer in der Zavelsteiner Burg, an der Seite ein Fenster, zur andern Seite eine Thür, ein Tisch mit zwei Sesseln, auf selben zwei gefüllte Pokale, rückwärts ein Kasten mit verschiedenem Waffenzeug.)

## Erster Auftritt.

Ritter Andreas, und Ritter Sebastian sitzen am Tisch, hernach Konrad.

Ritter Sebastian  ( mit einem Pokal.)

Auf ewige brüderliche Freundschaft!

R. Andreas. Ja, auf ewige brüderliche Freundschaft! (sie trinken.)

R. Sebastian. Alle freie, biedere Männer sollen leben!

R. Andreas. Sollen leben! (sie trinken.)

R. Sebastian. Schmach und Verderben über Unterdrücker!

R. Andreas. Schmach und Verderben! ( sie trinken.)

R. Se-

R. Sebaſtian. Auf die Geſundheit, und baldige Ritterſchaft unſers braven Konrads!

R. Andreas. Ja, auf ſeine Geſundheit und baldige Ritterſchaft! (ſie trinken.)

Konrad. (tritt ein.) Gott grüß und ich dank euch edle Ritter, für euren guten Willen!

R. Sebaſtian. (ſpringt auf, läuft ihm entgegen, ſchüttelt ihm freundſchaftlich die Hand.) Willkommen in Zavelſtein, lieber Konrad! endlich kömmſt du doch, nach ſo langem Harren?

Konrad. Ich dank euch edler Ritter, für den ſo freundſchaftlichen Willkomm! Vergebt daß ich nicht gleich mit euch nach Zavelſtein zurück kehrte, allein ich mußte erſt noch meine und eure Leute in Ordnung richten.

R. Sebaſtian. Dank dir lieber Konrad, für deine gute Sorgfalt! (Man hört einen kriegeriſchen Einzugsmarſch mit einem Siegsgeſchrey.

Konrad. Hört Ritter! ſie ziehen eben die Burg herein.

R. Andreas. Gehn wir ans Fenſter, und ſehen wir ihnen zu.

R. Sebaſtian. Ja daß thun wir! (macht das Fenſter auf.) Was das für tapfere brave Männer ſind eure Leute, Herr Bruder!

Kon-

**Konrad.** Ja, brav, und tapfer sind sie, besonders wenns rechtmäßige Fehde giebt!

**R. Andreas.** (für sich.) Ha! der Stich galt mir!

**R. Sebaſtian.** Was sagt ihr Herr Bruder?

**R. Andreas.** (etwas verlegen.) Nichts! gar nichts! — Ich sagte nur, eure Leute seyen eben so tapfer!

**Konrad.** (für sich.) Ah, den hab ich aufs Schwarze getroffen!

**R. Sebaſtian.** Sag mir Konrad, wer iſt denn der muntre Burſche, der da voraus reitet, und eine fremde Lanze und ein fremdes Schwerd mit sich führet?

**Konrad.** Es iſt Kurb, ein braver tapferer Knapp; die fremde Lanze, und das fremde Schwerd, das er mit sich führet, hat er dem schwarzen Hanns entriſſen.

**R. Andreas.** Wie gieng das zu, Konrad?

**Konrad.** Er kam mit dem schwarzen Hanns in ein Handgemenge, der schwarze Ritter entrüſte= te ihn anfangs, Kurb wurde darüber wild, entriß ihm seine Lanze, und sein Schwerd, und gab ihm damit einen fürtreflichen Schlag auf den Kopf, daß er zu Boden sank: des schwarzen Hanns Leute wollten sich an Kurb rächen, fie= len über ihn her, der brave Kurb aber hieb

grim=

grimmig um sich herum, schlug sich durch, und entkam sammt der Beute.

R. Sebastian. Ein braver Knappe; wird auch einmahl der zweite Konrad werden.

R. Andreas. Ja; das kann und wird noch aus ihm werden.

R. Sebastian. ( faßt Konrads Hand, drückt sie nach alt deutscher Art.) Auch du Konrad hast heute wie ein geübter Ritter gekämpft, und Thaten gethan, die des Neids werth sind. Du hast mir Ehre, Gut und Freiheit gerettet, und einen unruhigen Feind vielleicht auf immer aus meinem Gebiethe verwiesen. — Ich kann dir deinen Dienst nicht nach Würde löhnen, aber genügt dir an meiner väterlichen Liebe, so nimm sie mit diesem Handschlage ohne alle Schranken, und sey ihrer Aeußerungen bis zum letzten Augenblicke meines Lebens gewärtig.

Konrad. ( steht ganz betäubt da. ) Ritter! ihr überrascht mich dadurch so sehr, daß ich nicht Worte genug finden kann, um euch nach Gebühr antworten zu können.

R. Andreas. ( ganz beschämt. ) Habe selbst meine Freude über deine kühne Thaten gehabt, Konrad! fahre nur so fort, so kann mit der Zeit noch ein furchtbarer Ritter aus dir werden.

Konrad. Ich dank euch Ritter, für euern so gnädigen Beifall.

L                    R. Se=

R. Sebaſtian. ( hält ihn immer bei der Hand)
Du biſt ſo ganz das Bild deines Vaters, Kon=
rad! daß auſſer dir kein Mann unter der Sonne,
mir den Freund erſetzen kann, den ich in ihm
verlohr. Komm, nimm den Platz deines Vaters
für die kurze Zeit meines Lebens ein. (Schließt ihn
in ſeine Arme, und küßt ihn.) Dir einen Beweis
meiner zärtlichen Zuneigung zu geben, ( geht gegen
den Kaſten, nimmt ein Schwerd heraus) ſo nimm
dieſes Schwerd, welches ich ſeit mehreren Jah=
ren als ein Kleinod bewahre. Nur ein Mann
wie du biſt, iſt werth es zu führen. Es iſt das
Schwerd deines verblichenen Vaters. Er hat große
Thaten damit gethan, und kein König hätte es
um Gold ihm feil gemacht. Aber mir, dem er
das Leben wohl gegeben hätte, verehrte er es auf
unſerem Rückzuge aus dem gelobten Lande, als ein
Zeichen ſeiner brüderlichen Liebe, und nahm dage=
gen das meinige. Ich werde ſeiner nicht mehr be=
dürfen, aber dir, Konrad, kanns nützen: es wird
dich auf deiner künftigen Laufbahn mahnen, in
allen deinem Thun, brav und gerecht zu ſeyn:
Gott, dem Vaterlande, und jeder unterdrückten Un=
ſchuld mit Gut und Blut zu dienen, und dadurch
deinem Vater ähnlich zu bleiben, der ein Ritter
ſonder gleichen war. Nimm hin Konrad! und
werde groß durch Fauſt und Herz!

Kon=

**Konrad.** (zieht das Schwerd heraus, küßt und drückt es.) Dieß ist mir tausendfach lieber, als wenn es ein Edelstein von gleicher Schwere wär, und die Art, mit der ihr mir es überreichet; dünkt mir aufs wenigste eben so ehrenvoll, wie ein feierlicher Rit=
terschlag, auch werd ich diesen Tag für einen der glücklichsten meines Lebens halten. Mein Mund vermag nicht, den Dank für dieses mir so schätz=
bare Geschenk auszudrücken, welchen ich im Her=
zen fühle.

**K. Sebastian.** Schon gut, schon gut, lie=
ber Konrad! Dein Herz ist mir Dank genug.

**K. Andreas.** (für sich) Der Knapp könnte mir wohl gar übermüthig werden; ich muß ihn von hier zu entfernen suchen (zu Sebastian) Herr Bruder, ich habe eine Bitte an euch.

**K. Sebastian.** Ihr dürft nicht bitten, Herr Bruder! schaffet.

**K. Andreas.** Ich sähe gern wenn Konrad mit einem Troß meiner Leute wieder heimzöge.

**K. Sebastian.** Herr Bruder! warum dieß?

**K. Andreas.** Weil ich besorge der schwarze Hanns könnte auch meine Burg aus Groll über=
fallen, und ich hätte zu wenig Leute zur Ver=
theidigung, und auch keinen Anführer dazu.

**K. Sebastian.** Warum sollte dann der schwar=
ze Hanns auch eure Burg überfallen?

**K. An=**

Andreas. Aus Rache, weil ich euch in dieser Fehde beygestanden bin.

Konrad. (zu Sebastian) Auch ich bitte euch sehr, laßt mich heimziehen mit einem Troß unserer Leute.

Sebastian. Wie, auch du hast nicht mehr Lust hier in meiner Burg, und bey mir zu bleiben?

Konrad. Nicht dieß, edler Ritter! ich wollte gern lange noch bey euch bleiben, aber ich werde immer von einer gewissen heimlichen Angst gepeiniget, die mir sonderliche Dinge ahnden läßt.

Sebastian. Pfui, Konrad! dieß hätte ich von dir nicht geglaubt, daß bey dir Einbildungen so viel Gehör fänden.

Konrad. Nein, Ritter! Einbildungen pflegen sonst bey mir nicht viel Gewicht zu haben, aber dießmal ist mirs unaufhörlich, als flüsterte mir jemand ins Ohr: es sey daheim nicht ganz geheuer.

Sebastian. Also glaubst du wirklich, daß es so dienstbare Geister giebt, die einem je zuweilen geheime Dinge eröffnen, die einem zu wissen nöthig sind? (Heimlich zu ihm) Oder treibt dich die geheime Sehnsucht, deine geliebte Emma nach einer breytägigen Trennung wieder zu sehen, nach Hause?

Andress.

Andreas. Herr Bruder! was sagtet ihr da von Emma?

Sebastian. (etwas verlegen) Nichts, gar nichts, als Konrad möchte Emma in eurem Namen grüßen.

Konrad. Erlaubt mir also, daß ich von bannen ziehen darf?

Sebastian. Wohlan, wenn es denn seyn muß, so ziehe heim, ehre das Schwerd deines Vaters als dein höchstes Kleinod! (Umarmt und küßt ihn) Lebe wohl, und sey glücklich!

Konrad. Könnte ich euch gebührend danken, wie gerne wollte ich es thun! aber die Zukunft soll euch überzeugen, wie dankbar mein Herz für euch schlägt. (Zu Ritter Andreas) Habt ihr etwas noch sonst zu befehlen, edler Ritter?

Andreas. Sonst nichts, als daß du dich eiligst auf den Weg machest, und wenn etwas zu Hause vorgefallen ist, so berichte es mir alsogleich.

Konrad. Augenblicklich und pünktlich. (Zu beyden) Behüt euch Gott, und lebt wohl!

(Geht ab.)

Zwei-

## Zweiter Auftritt.

### Ritter Sebastian und Ritter Andreas.

Sebastian. Vergieb, Herr Bruder! ich hab
dir nicht einmal noch für die nachbarliche Hilfe ge=
danket: aber wie soll ich dir, wie sichs gebührt,
mit Worten danken? Das bin ich nicht im Stan=
de, mit Werken zu thun, dieß hast du auch nicht
nöthig, Schlößer, Reichthum und Schätze hast du
ehe genug; sag also an, Herr Bruder, wie soll
ich dir danken?

Andreas. Ich verlange keinen Dank, deine
Freundschaft, und wenn es auch einmal nothwen=
dig wäre, deine nachbarliche Hilfe, dann ist mirs
Dank genug.

Sebastian. Wenn du einmahl meiner nach=
barlichen Hilfe bedürftig seyn sollst, so stehe alles,
was ich habe, Roß und Mann zu deinen Dien=
sten! — Aber deine Leute, wie soll ich die für ih=
re Tapferkeit lohnen?

Andreas. Ach! die brauchen nichts, wenn
du ihnen aber doch was geben willst, so laß unter
sie eine kleine Summe austheilen, und laß ihnen
brav zu essen und zu trinken geben, so gehen sie
ins künftige für dich ins Feuer!

Sebastian. Ja, das soll geschehen, auch
denen, die jetzt mit Konrad schon fort sind, will
ich etwas nachschicken.

Andreas.

Andreas. Ich danke dir in ihrem Namen!

Sebaſtian. Auf den Knappen Kurd hätt ich bald vergeſſen, dem muß ich ſchon etwas mehreres zum Lohn für ſeine Tapferkeit ſchicken, — er hat den ſchwarzen Hanns tüchtig ausgezahlt, — das muß doch den ſchwarzen Grafen verdammt verdrüßen, daß er ihm Lanze und Schwerd weggenommen hat.

Andreas. Geſchieht ihm recht, warum hat er ſich nicht beſſer gewehrt!

Sebaſtian. Aber dem Konrad bin ich doch ſehr vielen Dank ſchuldig; wär er nicht geweſen, ich wär ein Gefangener, und meine Burg ein Eigenthum des ſchwarzen Hanns.

Andreas. Aber ſagt mir doch, Herr Bruder! aus was Urſache hat euch denn der ſchwarze Hanns Fehde geboten?

Sebaſtian. Ich hatte, wie ihr wißt, mit Graf Johann vor Zeiten am kaiſerlichen Hofe als Page gedient, und dieſer hat mir manchen boshaften Streich geſpielt, wofür er dann häufige Züchtigungen, durch Worte und Fauſt, von mir erfahren mußte; drum hat er mir ewige Feindſchaft geſchworen, die er mir auch auf mancherley Weiſe fühlen zu laſſen getrachtet hatte, immer ohne erwünſchtem Erfolg. Jezt glaubte er endlich, ſeine ſo oft vereitelte Rache, an mir ſchwachen Greiſen ohne ſonderlichen Widerſtand ausüben, und ſich

noch

noch Meister von meiner Burg machen zu können. Aber dieser Versuch brachte ihm durch eure Hülfe nur Schmach und Schande.

## Dritter Auftritt.

Vorige, und ein Both von Andreasburg.

Ein Knappe. Ein Both aus Andreasburg bittet schleunigst eingelassen zu werden, er sagt, er habe Bothschaft von größter Wichtigkeit an den Andreas.

Sebastian. Er soll kommen! (Knappe geht ab.)

Andreas. Was muß sich wohl bey mir zugetragen haben, daß die Bothschaft so eilig und wichtig ist? (Both tritt ein.)

Both. (Ganz traurig) Gott grüß euch, edle Ritter!

Beyde Ritter. Ich danke!

Andreas. Was bringst du für gute Bothschaft? Zwar dein Gesicht zeigt das Gegentheil, Ist etwa meiner Tochter was geschehen? Ist sie krank oder wohl gar todt?

Both. Das nicht, aber nicht viel besser. Faßt euch, edler Ritter! das Schröcklichste zu hören, was ein Vater von seiner Tochter hören kann.

Andreas. (Erschrocken und gefaßt.) Sag an, was ist ihr geschehen? Ist sie entehrt? Sag an, ich bin auf alles gefaßt!

Both.

Both. Nein, dieß nicht!

Andreas. Nun, wann dieß nicht ist, so bin ich auf alles gefaßt! Sag, wie lautet deine Bothschaft?

Both. Zuerst ein Gruß vom Ritter Augustin, und es sey ihm sehr leid, daß er euch melden lassen müßte, daß euer Fräulein Tochter entführt sey.

Andreas. (Erschrocken und grimmig) Wie? Was? Meine Tochter! meine Emma! entführt? Sag, hab ich recht gehört? Meine Emma entführt! Träum ich, oder wach ich?

Sebastian. Ich bitt, faßt euch Herr Bruder!

Andreas. Hm! Entführt also? Welcher Schurke wagte es, meine Tochter zu entführen?

Both. Wer es eigentlich gewesen ist, weiß kein Mensch von uns nicht, so viel aber weiß ich, daß das Fräulein ihrer Gewohnheit nach im Lindenhain spazieren gegangen, von vermummten Räubern angepackt und von ihnen fortgeschleppt worden ist.

Andreas. Fort, fort, ich muß nach Haus! muß nähere Kundschaft einziehen, und dann will ich den Räubern nacheilen, und ich muß auf ihre Spur kommen, und wenn sie mit ihr ans Ende der Welt gefahren sind! (Zu Sebastian.) Verzeiht, Herr Bruder! ich muß fort. Lebt wohl, vielleicht sehen wir uns bald wieder. (Läuft mit dem Bothen ab.)

Se=

Sebastian. (Steht erstaunt.) Ich muß ihm doch nacheilen, und ein wenig zu besänftigen suchen. (Geht ab.)

## Vierter Auftritt.

(Das Theater wie im ersten Aufzug. Ein offener Platz vor der Andreasburg. Die Thore sind verschlossen, die Zugbrücke aufgezogen. Man sieht von innen mehrere Fackeln brennen. Es herrscht Verwirrung in der Burg. Zwey Wächter stehn am Thore. Es ist Mondlicht.)

Knapp Konrad, und Knapp Kurd mit einigen Reisigen, hernach Gertrud und Ritter Hilsenburg.

Thurmwächter. Wer da! (Ruft vom Thurm.)

Konrad. (Grimmig.) Gut Freund! (Man hört Trompetenruf, die Zugbrücke wird abgelassen, einige mit Fackeln stürzen in wilder Unordnung heraus und rufen: ) Um der ewigen Barmherzigkeit willen! erslehet uns Gnade beym Ritter! Das Fräulein ist fort! geraubt! entführt!

Gertrud. (Stürzt gleich einer Wahnsinnigen mit fliegenden Haaren und ringenden Händen heraus, und ruft mit gebrochenen Worten: ) Um des Himmels

mels willen! — erfleht uns Gnade beym Ritter!
— Emma ist fort! geraubt! entführt! —

Konrad. (Ganz betäubt und grimmig.) Wer?
Wer wagte es sie zu entführen? Wie ging das zu?

Hilfenburg. (Sich schelmisch unschuldig stellend.)
Das Fräulein ist ihrer Gewohnheit nach, im Linbenhain, am Grabe Mathildens, in tiefen Gedanken spazieren gegangen, und hat sich daselbst bis
zur Abenddämmerung verweilt, ist von vermummten Räubern angepackt und entführt worden. —

Konrad. Und das Fräulein ging ganz allein,
ohne Gertrud?

Gertrud. Ich hab sie zwar begleitet, bin
aber zufälliger Weise einige Schritte von ihr entfernt gewesen, als plötzlich diese vermumten Schurken aus dem Gebüsch gesprungen kamen, das erschrockene Fräulein ergriffen, und eiligst mit sich
fortgeführt haben.

Konrad. Und wohin dann?

Hilfenburg. Das weiß niemand! Man sagt,
die Räuber hätten ihren Weg nach dem Rhein genommen.

Konrad. Und ihr schicktet ihnen nicht gleich
alles nach, was gehen und reiten konnte?

Hilfenburg. (Höhnisch.) Meines Wissens
vermag man auf dem Rhein weder zu gehen noch
zu reiten, man müßte denn ein Wanderkind seyn,
wie ihr, hochweiser Knappe!

Konr.

Kurd. (Drängt sich aus dem Haufen hervor.)
Nu, gerechter Himmel! wenn ihr denn bey einem
solchen Vorfalle so kalt zu spotten vermögt, so ist
euer Ritterschaft keines alten Sarazenen Säbels
werth. Flucks — sputet euch in euren Gemach!
sonst sollen euch neun Millionen höllische Geister hin=
einjagen. Auf, Konrad! den Räubern nach, wir
wollen ihnen das Fräulein abjagen, und wenn sie
damit gen Himmel gefahren wären. (Konrad und
Kurd gehen ab. Gertrud und die Uebrigen gehen in
die Burg).

## Fünfter Auftritt.

### Ritter Hilsenburg. (allein.)

Hilsenburg. (sieht ihm nach) Ja, ja, geht
nur, ihr findet sie doch nicht, dafür ist gut gesorgt.
Aber was der Kurd für ein kecker Bursche ist,
mich, einen edlen Ritter, vom Platze hier und mit
solcher Drohung wegzuschaffen? Nun wart nur,
du sollst mirs gewiß auch nicht umsonst gethan
haben! — Das muß ich mir aber doch nachsagen,
ich habe ein Meisterstück mit dieser Entführung
gemacht, hi, hi, hi! Die werden Augen machen,
wenn ich sowohl den Ritter Andres, wie auch den
Konrad recht nach Herzenslust durchs Licht ge=
führt: jetzt kömmt also die Reihe an den Ritter
selbst. Der Both wird ihn wohl angetroffen ha=
                                                        ben

ben in Zavelstein? Daher kann er ja schon bald
hier seyn? — Ich muß ihm schon ein wenig ent=
gegengehn, uud zum Zeitvertreib unterwegs einen
blauen Dunst vor die Augen machen. Hi, hi, hi!
( geht ab. )

## Sechster Auftritt.

Ritter Andreas und Hiſſenburg.  (Einige Reiſige
mit Fackeln.  Es wird nach und nach Tag.)

Hilſenburg. Da seht ihr nun, wie klüglich
ihr gethan habt, daß ihr meine Warnungen so in
den Wind schluget, und euren Knappen so nach
freyem Sinn schalten lieſſet. — Es war doch vor=
aus zu sehen, daß er sein Herzgespiel nicht ohne
Nießung enden, sondern das Fräulein für sein Buh=
lenwesen zu gewinnen trachten werde.

Andreas. Ihr meint also, Konrad könne die
Frevelthat an meiner Tochter selbst verübt haben?

Hilſenburg. Es iſt nur so eine Muthmaſ=
ſung, geſtrenger Ritter, die euch ganz natürlich
ſcheinen wird, so bald ihr die bey der Sache ob=
waltenden Umſtände in Erwägung ziehen wollet.

Andreas. Was für Umſtände? Seyd ihr
nicht sogleich durch den einzigen widerlegt, daß
Konrad abweſend war, als die That verübet ward.

Hilſenburg. Ha! Als wenn der liſtige Kon=
rad so ein gemeiner Räuber seyn, und euch nicht auf
die

die schlaueste Weise überlisten werde. Bedenkt doch,
Ritter! wie leicht es ihm ward, sich Anhang zu
verschaffen. Scheints euch nicht glaubhaft, daß
er bey seinem neulichen Verschwinden, allerley ge=
heime Verfügungen zur Flucht getroffen haben kön=
ne? — Ihr wisset, daß ihn bey dieser geheimen
Auswanderung niemand zu finden wußte, als Kurd,
sein theurer Genoß; leuchtet daraus nicht offenbar,
daß dieser um seinen Aufenthalt und um sein Ge=
schäft wissen mußte? Zu dem kann ich eidlich ver=
sichern, daß er kurz vor seinem Aufbruch nach Za=
velstein, in dem Saal eine geheime Unterredung
mit eurer Tochter gepflogen, wo denn ausdrücklich
einer Tanne gedacht worden ist, deren einige, wie
ihr wisset, an Mathildens Grabmahl befindlich
sind, allwo der Raub geschehen soll. Nehmt nun
zu dem allen, daß der Knapp um die — wahr=
scheinlich um die von ihm bestimmte Zeit des Rau=
bes — seines Bleibens bey euch nicht mehr haben
wollte, und entlassen zu werden begehrte, daß er
nachmals hier, ohne genaue Kunde des Vorfalls
fortsprengte, als sey ihm nun das Uebrige schon
bekannt; daß er euch keine Bothschaft sandte, und
keinen von euren Leuten weiter begehrte, als allein
seinen ihm gegebenen Kurd: rechnet das alles fein
zusammen, Ritter! und mich dünkt, eurer Schluß
wird lauten: Konrad muß der Räuber seyn! —
Nicht? —

An=

Andreas. Hilsenburg, ich weiß nicht worüber ich erstaunen soll! Ob über Dinge, die ihr mir da in den Sinn drängt, oder über eure Geschicklichkeit, einem Menschen den Tod zu bereiten? Denn wisset, ist Konrad schuldig, so wird das Reichsgericht ihn gewiß zum Tode verdammen, ist es aber nicht, so halte ich euch für einen Bevollmächtigten des Teufels, und werde mein Haus von euch zu säubern wissen, und ihr werdet der Strafe des Reichsgerichts gewiß nicht entgehen.

Hilsenburg. (Schüttelt furchtsam den Leib; für sich.) Brr! — wenn ich das Reichsgericht nennen höre, so fahrt's mir durch den ganzen Leib. Nun, gestrenger Ritter, wenn euch Zweifel hier rathsamer scheinen, als Glaube, so lasset meine Worte, wie ihrs bisher oft gethan habt, in den Wind gesagt seyn. Ich habe meine Pflicht gethan.

Andreas. Ritter, ich bitt euch um alles, was heilig ist, schweigt! und zersprengt mir's Gehirn nicht! — Geht, euer Wunsch ist euch gelungen; ich will ihm nach! ihn aufsuchen und wenn ich ihn finde, mit eigener Hand ihn morden! Auf! Knappen und Knechte, mir nach! (Geht mit seinen Leuten ab. Hilsenburg folgt nach.)

Sie

## Siebenter Auftritt.

(Wald; es hängt in der Ferne ein Schleyer an einem
Baum; an der Seite ist ein Hügel.)

### Knapp Konrad , Kurd.

**Konrad.** (ganz in Gedanken vertieft.)

**Kurd.** Edler, guter Herr! ihr laßt euch die
Sache gar sehr zu Herzen gehn, klaget ja so schmerz=
lich um's Fräulein, als wenns eure leibliche Schwe=
ster wäre.

**Konrad.** Wir müssen sie finden, Kurd! und
sollte es am Ende der Welt seyn.

**Kurd.** Ja lieber Herr, wenn nur so ein run=
des Ding, wie die Welt ist, nicht so viel Enden
hätte. — Haben zu wenig Kundschaft mitgenom=
men, hätten die Bewandtniß der Flucht genauer
erfragen sollen.

**Konrad.** Wenn du mich lieb hast, Kurd, so
tilge mir die Hoffnung, daß dieser Weg uns sicher
leiten werde, nicht ganz aus der Seele. Rasch! —
(Sieht herum) Bald ist der Wald zu Ende. Aber —
sieh! was flattert dort am Strauße? —

**Kurd.** Es sieht einem Schleyer ähnlich.

**Konrad.** Einem Schleyer? (eilt hin und nimmt
ihn herunter, bestürzt und freudig.) Bey Gott! ein
Schleyer, und ich wollte mein Leben darauf wet=
ten, er sey Emmas!

**Kurd.**

**Kurd.** Auch mir scheint es so.

**Konrad.** (drückt und küßt ihn mit Entzücken) O, daß wir rasten mußten! gewiß hätten wir sie ereilt! Laß uns nicht säumen, Kurd! du siehst nun, wie wunderbar das Glück uns leitet. (Man hört ein Getrappe.)

**Kurd.** Hört doch! ist das nicht Pferdgetrappe hinter uns? — Ja fürwahr, da wimmeln Reisige zwischen den Bäumen: was ist das?

**Konrad.** Seh ich recht, oder täuscht mich mein Auge? — Ritter Andreas sammt einem ganzen Troß unserer Mannen! —

**Kurd.** Ja so wahr ich eine Faust habe, er ists! — Um so besser! Vorwärts, Konrad! sie werden schon folgen. (Wollen gehen.)

**Andreas.** (Von innen.) Halt, halt!

**Konrad.** Hörst du, er ists! Richtig, er ists!

## Achter Auftritt.

**Vorige, Ritter Andreas mit Reisigen.**

**Andreas.** (mit knirschenden Zähnen.) Ha, Bube! hab ich dich doch ereilt? Sage, Bösewicht! wo hast du Sie? in welcher Räuberhöhle hältst du Sie verborgen?

**Konrad.** (ganz betäubt.) Ich ein Bube! Emmas Räuber! (mit langsamen Worten) Ritter,

Ritter!

Ritter! kommt doch zu Sinnen! ich bin ja Konrad, euer Knapp. Bin wie ihr geschäftig, eure geraubte Tochter zu suchen.

Andreas. Zu suchen? Ha! Verwegener Heuchler! Vermeinst du mich durch Gleißnerey zu täuschen? Suchen, nun, so suche Sie dann, eh' ich dich aus dem Buche der Lebendigen austilge! — Keine Rede, Bube! wo hast du Emma? —

Konrad. Ritter! seyd ihr denn keines gesunden Gedanken mehr fähig? — Ich weiß ja vom Aufenthalt eurer Tochter eben so wenig, als ihr! Wie mögt ihr doch einen so schimpflichen Verdacht auf mich werfen? Fandet ihr mich jemahls bübisch im Kleinen? — Wie sollt ichs nun im Großen seyn?

Andreas. Geständniß begehr' ich! — Zögere nicht länger, sonst jag ich deine Seele augenblicklich zur Hölle!

Konrad. Schaltet wie's euch gedünkt, Herr Ritter! ihr wisset, daß ich immer auf die erste Anfrage ächte Wahrheit zu antworten pflegte. Also noch einmal: ich weiß von Emma nichts, als daß Sie geraubt ist, und daß ich sie in allen Winkeln der Erde zu suchen bereit bin.

Kurd. Ich schwör es euch bey Sonn, Mond und Sternen, Ritter! Konrad ist unschuldig!

Andreas. Unschuldig? Räubergenoß! Hat der Bube nicht ein sprechendes Zeugniß wider sich in Händen? Weß ist der Schleyer? —

Kurd.

**Kurd.** Das mag der Himmel wissen! Wir fanden ihn an jenem Strauche, hielten ihn für Emmas, freuten uns der entdeckten Spur, und waren so eben im Begriff, unsern Weg weiter zu verfolgen, als ihr durch den Wald sprengtet, und uns zu halten gebothet.

**Andreas.** Ha, ein Wicht so lügenhaft wie der andere. Knechte! bindet sie beyde, und verwahrt sie, bis wir die Gegend durchkreuzet haben; hier im Walde müssen sie den Raub doch verborgen halten! Aber wer einen entfliehen läßt, muß mirs mit dem Leben büßen. —

**Konrad.** (zieht grimmig sein Schwert.) Binden? mich? binden? Ha, eher soll der Athem mich verlassen!

**Andreas.** Führt sie fort, und wahret ihrer.
(geht ab.)

**Konrad.** (steht in tiefen Gedanken.) Wohlan! es ist der Befehl meines Herrn, und ich muß gehorchen.

## Neunter Auftritt.

### Saal in der Burg zu Zavelstein.

**Ritter Sebastian** (allein, und nachdenkend.)

Daß Emma durch Konrad entführt seyn soll, das ist gar nicht möglich, daran scheinet er mir zu

M 2      ehrlich

ehrlich. — Zu dem ist Konrad zu eben der Zeit, als sie entführt worden ist, hier bey mir gewesen! Nein, nein, das ist gar nicht möglich, ich kenne ihn von Jugend auf, und er hat nie eine unedle Handlung verübt, und wie man in der Jugend ist, so ist man auch im Alter. — Ich glaub immer, dahinter steckt ein anderer Schurke, und wenn ich mich nicht irre, so ist's gar der Ritter Hilsenburg. Denn der sieht mir so einem Schurken ähnlich, wie ein Speer dem andern; aufsäßig ist er ihm auch schon lange, weil er ein ehrlicher Knappe ist; um sich also an ihm zu rächen, so wird er ihm diesen Streich gespielt haben, und der alte Andres wird sich auch haben von seinem Burgfuchsen überreden lassen, und dann wird der Teufel über den armen Konrad erst los gehen! — Wer kömmt da? —

## Zehnter Auftritt.

### Die Vorigen, ein fremder Knappe.

Knappe. Gott grüß euch, edler Herr Ritter!
Sebastian. Dank dir. Was bringst du Gutes?
Knappe. Zuerst einen freundschaftlichen Gruß von meinem Herrn Ritter, dann —
Sebastian. Ja, wer ist, und wie nennt sich dein Ritter, ich kenne dich nicht.

Knappe.

**Knappe.** Mein Herr Ritter ist und heißt: Graf Johann der Schwarze!

**Sebastian.** Wie lautet dein Auftrag.

**Knappe.** Mein Auftrag lautet also: euch in seinem Nahmen freundschaftlich zu grüßen, und euch die von ihm auf sein Ritter und Ehrenwort versprochene Summe silberner Schilde zu übergeben, und zu bitten, mir ein schriftliches Zeugniß darüber zu ertheilen.

**Sebastian.** Dieß soll dir gewährt seyn. — Wo hält sich dein Herr jetzt auf?

**Knappe.** In der Johannes = Burg.

**Sebastian.** Die liegt ja nicht weit von Zabelstein?

**Knappe.** Ja, edler Ritter, aber ihr dürft euch deßwegen nicht sorgen, daß er euch nochmals Fehde biethen werde, denn er, und unsere Leute sind so entkräftet, daß uns die Lust wohl auf lange Zeit wird vergangen seyn, um bald wieder zu kämpfen.

**Sebastian.** Wo hast du denn die Summe der silbernen Löse = Schilder?

**Knappe.** Sie sind noch unten im Burghofe; ist's euch gefällig, so laß ich sie herauf bringen!

**Sebastian.** Nein; laß sie nur unten, und geh indeß voraus hinab, ich werde gleich nachkommen.

**Knappe.** Wie ihr befehlt, edler Ritter! Behüt euch Gott! (geht ab.)

Eilf=

## Eilfter Auftritt.

**Ritter Sebaſtian** (allein, und nachdenkend.)

Was iſt nun zu thun? Den Konrad muß ich
retten, und gehts wie es wolle; iſt er aber ſchuldig
ſo will ich ihm ſelbſt, ſo lieb ich ihn auch habe,
das Urtheil ſprechen: iſt er aber unſchuldig, ſo we=
he dem! der ihm unſchuldigerweiſe ſeine Ehre ge=
raubt hat. — Die Zeit geht verloren, alſo fort!
(Geht ab.)

## Zwölfter Auftritt.

(Kerker in der Andreas=Burg, mit einer Lampe be=
leuchtet.)

**Konrad** (lehnt nachdenkend an einem Pfeiler.)

Füge dich in die Widerwärtigkeiten, die du
ſelbſt verſchuldeteſt, weil du deinem Herzen die heil=
ſamen Feſſeln des Verſtandes zerbrachſt, und ſei=
nem Minnedrang freyen Lauf lieſſeſt. Nimmer=
mehr hätte man dich für Emmas Räuber gehal=
ten, wenn du den kühnen Verſuch, um ſie zu wer=
ben, nicht gewagt hätteſt. Handelteſt zu raſch,
wollteſt Gatte werden, ehe du Mann wareſt —
hätteſt die Ritterwürde erſt erſtreben, den Ruhm
des Tapferſten in Schwaben erſt erkämpfen ſollen,
bevor

bevor du sie zum ehelichen Gemahl begehrtest. —
(Man hört Geräusch.) Horch, wer kömmt da!

## Dreizehnter Auftritt.

### Knapp Kurd, Konrad.

**Kurd.** (Mit einem Stück Brod, und einem Krug
Wasser in der Hand zur Thüre herein, mit Freude
und Ungestümm.) Lieber, guter, ehrlicher, vortref=
licher Konrad! Bald hätten wir uns nicht wieder
gesehen, edler Herr!

**Konrad.** (Mit gebrochener heller Stimme, et=
was freudig.) Ein gleiches auch dir, lieber Kurd!
Wo kömmst du her? — Bist du auch noch unter
den Lebendigen?

**Kurd.** Hört nur! Nach vielen Martern, die
mich zum Geständniß bringen sollten, wurden To=
desfoltern mir gedroht, und ich machte mich wirk=
lich schon zur Abreise in die unbekannte Welt be=
reit, als das eiserne Herz des Ritters erweicht,
und mir die Freyheit unter der Bedingung gege=
ben ward, das Fräulein zu schaffen. Darzu hab
ich mich nun verbindlich gemacht, denn das war
ja längst schon von uns beschlossen. Ich wollte es
euch nur melden, Konrad, weil ich glaubte, es
werde euch vielleicht lieb seyn, daß die Sache mir,
eurem Getreuen, aufgetragen ist.

**Konrad.**

Konrad. Dir, dir! iſt die Sache aufgetra=
gen? Dank, vielfältigen Dank dir, daß du es
übernimmſt! Belohnen kann ich dich jetzt nicht,
aber ſollt ichs einſt im Stande ſeyn, ſo ſollſt du
gewiß einen dankbaren Mann an mir finden.

Kurd. Laßt das gut gut ſeyn, edler Herr!
Ich diene nicht für Belohnung, ſondern nur aus
Liebe und Freundſchaft gegen euch. — Auch ge=
gen euch denkt Ritter Andres ſchon gelinder, ob
ihr gleich noch einige Zeit in dieſem euch ſo un=
würdigen Aufenthalt werdet zubringen müſſen. —
Hier nehmt dieſes Brod, und dieſen Wein zur einſt=
weiligen Labung. Ich habe dafür geſorgt, daß
man euch nicht etwan vergeſſen ſollte. Jetzt eile
ich, und durchkreuze dieſe Gegend, bis ich Kund=
ſchaft vom Fräulein, und ſie ſelbſt habe, dann
Konrad ſollen die Dinge wohl eine ganz andere Ge=
ſtalt gewinnen. — Aber nun rathet auch, was
etwan bey meinem Beginnen vorzüglich in Acht zu
nehmen ſeyn möchte, damit ich in der Sache fein
nach eurem Sinne ſchalte. —

Konrad. Zu guten Rathſchlägen gehört Ver=
ſtand, Kurd, den hab ich leider jetzt nicht mehr!
Vielleicht iſt er auf immer verloren! Schalte wie
birs gut dünkt.

Kurd. Edler Herr! der kalte Ton, mit wel=
chen ihr mir dieß alles ſagt, läßt mich für euren
Gemüthszuſtand viel fürchten. Ich hätte es nim=

nier

mer geglaubt, daß der tapfere Konrad vom Un=
stern so zu Boden geschlagen werden könnte, als
der Augenschein nun lehret. —

Konrad. Hast du denn so wenig erwogen,
Kurd, was ich verlor? Emma! und meinen gu=
ten Namen! Kurd, bedenke was mein Leben oh=
ne diesen beyden Gütern werth seyn kann.

Kurd. Verloren? — Als wenns damit schon
seine volle Richtigkeit habe! Emma wird schon zu
finden seyn, dafür laßt mich sorgen, und was
euren guten Namen betrift, so kann er durch diese
Begebenheit eher gewinnen, als verlieren. — Jetzt
gehabt euch wohl, lieber Herr; ich will eilen, und
die Stunde der Auflösung des verdammten Räth=
sels herbey flügeln. Ermannt euch indessen, und
laßt euren Feinden die Freude nicht, euch gänzlich
überwunden zu haben. (Küßt ihn, und drückt ihm
die Hand.) Adio! bis auf Wiedersehen. (Geht ab.)

## Vierzehnter Auftritt.

### Ritter Andreas, Ritter Hilsenburg.

Andreas. (Nachdenkend, bemerkt Hilsenburg.)
Ah! Hilsenburg, ihr auch da? Eben recht; sagt
mir, wird Kurd das Fräulein wohl wieder finden?

Hilsenburg. (Für sich.) Der kömmt mir eben
auf

auf den erwünschten Punkt. (Zu ihm) S'will nicht
so scheinen, als ob der entlassene Kurb eurer Gna=
de werth sey, und euch eure Tochter wieder zu
bringen denke; wird sie wohl dem ehrsamen Kon=
rad aufbewahren, bis er die Freyheit erlauert,
und euch einen Theil eurer Kleinodien zum Mahl=
schatze entwendet hat. Müssen doch leben, die lie=
ben jungen Leute, und ihre künftigen Sprößlinge,
eure hoffnungsvolle Enkeln auch. — Habt ihr
denn, das fällt mir erst ein, habt ihr denn die
Zimmer eurer Tochter schon durchsuchen lassen, ob
auch alle ihre Schmuckkästchen noch vorhanden sind?
Sollte das nicht seyn, so dächte ich, wäre das
wohl ein neues Zeugniß, daß der Raub des Fräu=
leins einer freywilligen Flucht sehr ähnlich sähe,
und wohlbedächtlich veranstaltet sey.

**Andreas.** Der Schmuck meiner Tochter ist
freylich nicht vorhanden, ihre Zofe hat mirs schon
gemeldet, aber so sehr das auch wider meine Toch=
ter und Konrad zeigt, so sagt mir doch eine inne=
re Stimme, daß Emma keiner heimlichen Entwei=
chung, und Konrad keines schändlichen Raubes
fähig wäre. — Zudem versichern meine Knechte,
die seiner warten, daß er sich immer ruhig finden
lasse, keinen Ungestümm zeige, sondern wie ein
Mann mit gutem Gewissen sein Elend trage.

**Hilsenburg.** Eure Knechte? Wie viele von
ihnen wären denn euch noch ergeben, und hingen
ihm

ihm, der wahrscheinlich bald ihr Gebiether und
Herr seyn wird, nicht mit ganzer Seele am Herzen?

Andreas. Das ist erlogen, Hilsenburg! denn
keiner meiner Leute hat etwas Verdächtiges bemerkt,
und ihr wißt, ich habe scharfe Wächter.

Hilsenburg. Mit euren Leuten, Ritter! ich
sage euch, wenn ihr höchstens zwey von ihnen aus=
nehmt, so sind die übrigen alle auf Konrads Seite.

Andreas. (Mit verbissener Wuth.) Hilsenburg!
es wird mir schwer euch zu glauben, und doch
könntet ihr Recht haben.

Hilsenburg. Erfahrung wird euch bald leh=
ren, Ritter! daß ich's habe. (Geht ab.)

## Fünfzehnter Auftritt.

Voriger. Ritter Sebastian (tritt ein, bleibt
aber unter der Thüre stehen.)

Andreas. (Nachdenkend.) Hm! Was er mir
da für Dinge durch den Kopf gejagt hat. Kurd
meine Tochter nicht bringen. — Eine freywillige
Flucht meiner Tochter. — Keiner meiner Knech=
te mir ergeben. — Meine Burg von fremden
Reisigen umgeben. — Alle meine Leute auf Kon=
rads Seite. — Das ist erlogen, das hat mir nur
ein Schurke sagen können. (Sieht sich um.) Wer
ist da?

Se,

Sebastian. Ich, Herr Bruder! Verzeih wenn ich dich etwann störe.

Andreas. Nehmt mirs nicht übel, Herr Bruder! daß ich euch so lang allein ließ. Allein, du weißt meine jetzige Lage, ich hatte eben mit Hilsenburg etwas zu sprechen.

Sebastian. Ich hab fast alles gehöret, und fühle mich dennoch geneigt, den Knappen für unschuldig zu halten, müssen die ungünstigen Zeugnisse allesammt von einem Manne herrühren, der noch das erste gute Werk in seinem Leben thun, und noch den ersten Beweis liefern soll, daß er ein ehrlicher Mann, und kein Schurke sey.

Andreas. Mir soll's lieb seyn, wenn sich seine Unschuld krönt. —

## Sechzehnter Auftritt.

(Man hört Trompetenruf, und einen Marsch mit Feldmusik, Trompeten und Pauken.)

### Vorige. Thurmwächter.

Andreas. Was ist das? Was hat dieß zu bedeuten? Etwa gar eine Aufforderung?

Thurmwächter. (Tritt ein, mit trauriger Mine.)

Andreas. (Zum Thurmwächter.) Was bedeutet das Trompeten?

Thurm,

Thurmwächter. Das Reichsgericht ist ange=
kommen, steckt die Blutfahne vor die Burg aus,
und zieht mit den Reichsfahnen ein.

Andreas. Gut daß sie kommen, wir wollen
ihnen entgegen gehen, und sie gebührend empfangen.
(Geht mit Ritter Sebastian ab.)

Thurmwächter. (Allein.) Hätte mir einer
gesagt, daß ich dieß erleben müßte, ich hätte ihm
unters Gesicht gesagt, daß er ein Lügner sey. Gern
wollt ich meinen Schädel dafür hergeben, wenn
nur unser braver Konrad für unschuldig erklärt,
oder Fräulein Emma wieder gefunden würde. Mir
gehts schon im Kopfe herum, daß alles wieder
gut gehen wird. Gott giebs und steh unserm lie=
ben Konrad bey. (Geht ab.)

## Ende des dritten Aufzugs.

Vier=

# Vierter Aufzug.

(Eine waldige Gegend.)

## Erster Auftritt.

### Knapp Kurd. Haynim.

Kurd. (Sieht vorwärts gegen den Wald herum.)

Nu, hat denn der Wald noch kein Ende? Ich
glaub gar, er fängt sich bey einem Ende der Welt
an, und hört beym andern auf. Jetzt marschir ich
schon so lange und bin noch auf keine Straße ge=
kommen, und hab auch kein Haus noch gesehen;
'skömmt mir gerade so vor, als wenn ich ver=
wünscht wäre? Möchte dir fast recht geben, ar=
mer Konrad! 'sist ein wildes, freudenloses Leben
unterm Monde! — Ein Feuer muß ich mir auch
schlagen, und ein Pfeifchen anstopfen. (Thut es
und singt: Es zog ein Ritter wohl in den Strauß:
Nachdem er gesungen, kommt Haynim.)

Hay=

Haynim. (Sieht wild und menschenfeindlich aus, hat eine verrostete Rüstung an, und ein Schwert an der Seite.) Wer bist du, lustiger Vogel?

Kurd. (Verwundernd.) Wer ich bin? Das hab ich Lust für mich zu behalten.

Haynim. (Schüttelt den Kopf, setzt sich neben ihm nieder, und sieht ihm scharf unter die Augen.) Wo kommst du her?

Kurd. Das weiß ich besser als du.

Haynim. Bist ein kecker Bursche, ist mir, als sollt ich dich kennen, mich schon mehrmahls über deine wunderlichen Berichte geärgert haben.

Kurd. Auch dein Gesicht scheint mir nicht so unbekannt zu seyn, weiß mich aber nicht recht deut= lich zu erinnern, ob und wo ich dich gesehen ha= ben soll.

Haynim. Bist du nicht Kurd, mit dem Zu= nahmen der Lustige? —

Kurd. Hasts getroffen; man hatte mir die= sen Nahmen einst in meinen Knaben=Jahren gege= ben, als ich unter den Troßbuben des Grafen von Würtenberg diente. Aber woher kommt euch denn die Kunde meines Nahmens? 's ist doch manches Jahr verflossen, seit man mich so nannte.

Haynim. Hast also beines treuen Kameraden so ganz vergessen? Ich bin ja Haynim.

Kurd.

**Kurd.** (springt auf und umarmt ihn) Ja du bist es, liebster, beßter Herzens = Bruder! Hätt ich mir doch eher des Himmels Einfall träumen lassen, als dich trauten Jugendgenossen in dieser stummen Einöde zu finden.

**Haynim.** Aber welch Ebentheuer hat denn dich hieher geführt?

**Kurd.** Ja wohl ein Ebentheuer, aber ein trauriges!

**Haynim.** Ein trauriges? wie so? Nu wart, bevor wir mehr miteinander plaudern, werd ich dir ein Labniß für Mund und Magen holen, habe da so was in der Nähe, so ein Fläschchen! — Hab mich manchmal schon wacker daraus gelabet. Bin gleich wieder bey dir! — (geht ab.)

**Kurd.** Geh nur. — Was ich mir aber von seinem Aufenthalte im Wald denken soll, dieß weiß ich nicht. — Wenn er etwan gar bey einer Räuberbande wäre, und sich mit Rauben und Morden abgebe? Und ich hätt ihn so herzlich umarmt und geküßt? —

**Haynim.** (kommt mit einer Flasche und gefülltem Schmausesack) Nun da bin ich wieder! (setzt sich zu ihm, und leert den Sack aus) Nun iß und trink, so lang dirs schmeckt.

**Kurd.** (sieht es bedenklich an) Haynim, wo hast du das alles her?

Hay=

Haynim. (lächelnd) Das wird sich weisen; meinst du, ich hätte sie vielleicht erlauert? Nein! — Sey ohne Sorgen, und thue dir gütlich. Frisch! zur Erneuerung unsers jugendlichen Bundes!

Kurd. Topp! (sie trinken) Habe jetzt eben einen treuen Bundsgenossen nöthig. Bist du noch der ehrliche, brave Haynim, der du in jenen Tagen warest, als wir unser erstes Bündniß knüpfeten, so schlag ein, und laß unsere Herzen wieder in einander schmelzen. Aber —

Haynim. (hastig) Was soll das Aber? Wähnst du vielleicht, Haynims Herz sey jetzt vom Krebs vergiftet? — Pfui Kurd! so von einem Kameraden zu denken! — Weg mit dem schwarzen Wahne! Treuherzig eingeschlagen, und damit Holla! (sie schlagen ein) So! Nun laß hören, was dich hieher bringt, und wozu du eines Genossen bedarfst! —

Kurd. Ich irre umher, und suche ein verlornes Kleinod, an welchem viel gelegen ist, von dem ich aber nicht die mindeste Spur habe. Find ich dieß Kleinod nicht, so bin ich auch verloren, und begehre hier auf Erden nicht länger zu hausen.

Haynim. Ho, ho! das klingt verzweifelt traurig, muß ein schätzbares Kleinod seyn, wenn der lustige Kurd, ob des Verlustes desselben des Lebens

N

bens quitt seyn will. Sprich deutlicher von der Sache, wunderlicher Knabe! Kann dir vielleicht Anschläge geben, von tauglicher Art. Wenn man auf der Welt lange herumwandert, lernt man dergleichen. Auch sollst du wissen, daß ich seit Jahr und Tag ein preißlicher Waffenknecht des schwarzen Hanns bin.

Kurd. (verwundernd) Du, Haynim, ein Waffenknecht des schwarzen Hanns?

Haynim. Wie gesagt! Ein Waffenknecht des schwarzen Hanns, welcher gar nicht weit von hier in seiner Burg hauset, und wohin ich dich zu führen gedenke, wenns anderst dein Beruf erlaubet, einige Zeit daselbst der Ruhe zu pflegen.

Kurd. Das erlaubt er nicht, auch begehr ich beym schwarzen Hanns nicht zu rasten. Kann ihn nicht leiden! Ist ein Wicht von Haus aus!

Haynim. Narr! was kümmert er dich? Außer seinem Koch und Kellnermeister, brauchst du weder mit ihm, noch mit seinen Leuten Gemeinschaft zu halten. Ist freilich ein Wicht, der schon viele vertrackte Streiche begonnen! Aber — —

Kurd. Und doch konntest du dich entschließen, in seine Dienste zu treten?

Haynim. Hat sich was zu entschließen, wär nimmermehr in seine Mauren getreten, wenn sich mit mir nicht ein besonderer Zufall ereignet hätte.

Kurd. Nun laß hören!

Hay-

Haynim. 'S war nach einer blutigen Fehde, als ich mit Wunden bedeckt, ohnweit eines Klosters, auf dem Felde lag, und jeden Augenblick für den letzten meines Lebens hielt. Ich sehnte mich nach einem Trunk frischen Wassers, meine Zunge zu letzen, aber niemand reichte ihn mir, selbst Rupprecht von Sollingen, dem ich diente, ritt kaltherzig vor mir vorüber, und rief mir zu, Geduld zu haben, Freund Langbein werde mich ohnedem bald zum himmlischen Gastmahl laden. — Bald darauf erschienen einige Klosterbrüder, fanden mich noch lebend, erquickten mich, und trugen mich in ihre Klause, wo sie meiner Sorgfalt pflegten, und ich bald wieder genas. Zu eben der Zeit lag auch Graf Johann von eben dieser Fehde verwundet, im Kloster; wir wurden zu gleicher Zeit geheilt; den Tag nach unserer Genesung begegnete mir Graf Johann auf einem Spaziergange im Garten, er redete mich an, wir sprachen eine Weile von verschiedenen Dingen, und damit ichs nur kurz sage, ich tratt in seine Dienste. — Jetzt laß hören, was für Kleinodien du zu suchen bemüht bist, wenns der Mühe werth ist, so ziehe ich mit dir von bannen, und begehre den Wicht nicht mehr zu sehen.

Kurd. Das Fräulein das ich suche, ist ein schönes, unglückliches Fräulein, das man bübischer Weise geraubt, und dadurch einen armen un=

schul=

schuldigen Knappen in Verdacht, und um Frey=
heit und Ruhe gebracht hat. Ich habe diesen Knap=
pen so lieb, wie mein Leben, und für ihn bin ich
bereit, die ganze Welt zu durchziehen, bis ich das
arme Fräulein gefunden, und seine Unschuld und
Ehre gerettet habe.

Haynim. (In Gebärden des höchsten Staunens.)

Kurd. (bemerkts) Haynim! Was ist dir,
du bist ja so bleich geworden? Du bebst ja wie
ein armer Sünder?

Haynim. Kurd! laß mich nur erst zu Sin=
nen kommen, dann will ich dir mein Staunen wohl
erklären. Bist dem geraubten Fräulein vielleicht
näher, als du glaubst, Bruder!

Kurd. (Freudig und staunend.) Wie? — —
Was? — Solltest du mir Nachricht geben können?
Fluchs Haynim, rede! —

Haynim. Gemach! ich sagte vielleicht. Wie
ist des Fräuleins Name?

Kurd. Emma! —

Haynim. Und ihr Vater?

Kurd. Ist Ritter Andreas.

Haynim. Richtig! — Seit wenn ist sie ge=
raubt?

Kurd. Seit gestern.

Haynim. Trift alles ein! — Sie ists! —
Ganz gewiß! Sie ists! — Hauset nicht ein Rit=
ter

ter mit Namen Augustin von Hilsenburg in eurer
Burg?

Kurd. Ganz recht, so ein Bustrich hauset
darin.

Haynim. Nun, dieser Bustrich hat das Fräu=
lein unserm Ritter in die Hände gespielt, den Raub
selbst veranstaltet, selbst dabey geholfen! —

Kurd. (Wüthend, und freudig gegen Haynim.)
Du weißt also, wo das Fräulein ist, Haynim?
Und hältst den Ritter Augustin im Ernst für den
Räuber?

Haynim. Gemach, gemach! (Mit leiserer
Stimme) Freylich weiß ich jenes, und dieses! Et=
was tiefer, seitwärts im Walde hier steht eine ein=
same Hütte, in welcher ein alter Waffenknecht,
aber ein ausgelernter Bube, des Ritters Gna=
denbrod frißt; unser Herr Ritter hält seit einiger
Zeit sehr genaue Freundschaft mit ihm, und hat
ihn seit gestern schon viermal besucht. Der Besuch
gilt aber nicht dem Alten, sondern dem holben weib=
lichen Engel, den er dort in der Hütte verborgen
hält. Dieser Engel ist das Fräulein Emma, so
wahr ich Haynim bin. Darfst an der Wahrheit
mniner Worte nicht zweifeln, denn wisse, ich Hay=
nim stehe hier, die Hütte zu bewachen, und kei=
nem Lebendigen den Zutritt zu derselben zu ge=
statten.

Kurd. Also auch mir nicht?

Haynim.

Haynim. Dir? — Nun, das liesse sich noch
überlegen.

Kurd. Uiberlegen? Geh, Wicht! Bist mein
Bruder nicht mehr, wenn du das noch überlegen
kannst. Flucks führe mich hin zur Räuberhöhle,
oder du bist des Todes.

Haynim. Hoho! strenger Herr, bitte, ihr
wollet mich noch leben lassen. Wenn du dich so
hoher Worte bedienen willst, Kurd, so gehab dich
wohl!

Kurd. Haymin! führe mich zum Fräulein,
sag ich! —

Haynim. Daraus kann nichts werden, Bru=
der! Laß dein Blut erst kalt werden, dann höre,
was ich dir zu sagen habe.

Kurd. Nun, s'ist kühl! so kühl, wie der
Thau. Ich bitte dich, Bruder, rede!

Haynim. Ja, das klingt anders! So höre
denn; ich darf und will dich nicht in die Hütte
führen.

Kurd. Du darfst — vielleicht aus Furcht
vor dem verdammten Alten nicht? Pfui der Schan=
de! am Gewerbe teuflischer Buben Theil zu neh=
men, die Unschuld mit verstocktem Herzen leiden zu
sehen; jammern, winseln, seufzen, um Rettung
flehn zu hören, und seine gesunden Arme gemäch=
lich sinken zu lassen, ohne zu helfen!

Haynim. Halt ein! Schreckenspriester, halt
ein!

ein! — Es bleibt dabey, wir erlösen das Fräulein, und führen's heim. Begreifst du Brausekopf denn nicht, daß die Sache schlau muß angefangen werden? Laß nur mich sorgen Kurd! Aber der schwarze Hanns soll die Lehre zu Haynims Andenken behalten: daß ein ehrlicher Mann nicht zu Schelmenstücken gemißbraucht werden muß!

**Kurd** (Umarmt ihn.) Jetzt bist du wieder mein Bruder! Aber jetzt laßt uns gehen, und zu Werke greifen!

**Haynim.** (Packt seinen Sack zusammen, und geht mit Kurd ab.)

## Zweiter Auftritt.

(Kerker in der Andreas-Burg.)

Knapp Konrad (allein.)

**Konrad.** (Vertieft in Gedanken, erwacht.) Da steh ich nun, meiner Freyheit beraubt, von aller Welt, selbst von meinem treuen Kurd geschieden; vor kurzem zu Zavelstein geehrt und geliebt, und nun so gedemüthigt, so elend! Beschimpft von dem, für den ich mich so oft dem Tode entgegen stürzte! Emma! Emma! was muß ich um dich leiden! Wenn du aber nur gefunden, und in deine väterliche Burg gebracht würdest,

dann

dann würde ich alle meine Leiden vergessen. — —
Wo die Arme nun seyn mag? — Ach! sie schmach=
tet vielleicht in einem Kerker, wie ich; jammert
vielleicht in einer verborgenen Höhle, nennt viel=
leicht tausendmal meinen Namen, und fleht mit
Seufzen und Thränen zum Himmel, mich ihr zur
Rettung zu senden! Und ich stehe hier, ohne Macht,
ohne Freyheit, ein Sklave ihres verblendeten Va=
ters! — Wer kömmt da?

## Dritter Auftritt.

### Konrad, der Thurmwächter (mit einigen Reisigen.)

Thurmwächter. (Weinend, scheint etwas sa=
gen zu wollen)

Konrad. Du hier, Alter! — Was hast du
für Bothschaft an mich?

Thurmwächter. Herr! mich jammerts, daß
ich der Bothe seyn muß, der euch eine solche Both=
schaft bringt, ich wollte gern — meinen alten Sche=
del hergeben, wenn ich euch retten könnte; aber
Gott weiß es, ich kann nicht!

Konrad. Laß es gut seyn, lieber Alter! küm=
mere dich nicht; sag, wie lautet deine Bothschaft?
Und wenn sie auch die schröcklichste ist, so sag sie!
Ich will sie standhaft anhören.

Thurm=

**Thurmwächter.** Herr! — je nun, weils nicht anders seyn will, so sey es in Gottesnamen! Hört also, das Reichsgericht ist da, hat sich versammelt im großen Saale, und begehrt euch zum Verhör.

**Konrad.** Ich soll also mit dir gehen? Wohlan! ich gehe; (will gehen) was bedeuten diese Leute hier, etwa gar Wache, die mich dahin begleiten soll? Fort, Leute! mir aus den Augen. (Die Reisige gehen ab) Ich gehe frey und ohne Wache, ich bin unschuldig, dieß weiß Gott! und ein Unschuldiger findet den Weg mit leichtem Herzen auch ohne Wache. (Geht mit dem Thurmwächter ab.)

## Vierter Auftritt.

(Ein großer beleuchteter Saal; in der Mitte ein großer Tisch mit rothem Tuche behängt, auf selbem ein Kästchen, und ein schwarzes und rothes Stäbel. Der Rügegraf sitzt in der Mitte am Tische, viele andere Schöppen und Nachbürger sitzen herum. Ritter Andreas sitzt an der Seite, Ritter Sebastian und Albert von Staufen, stehen neben ihm. Viele andere Ritter stehen herum. Zwey Reichsknappen stehen mit entblößtem Schwert an der Thür, nebst zwey andern, davon einer die Reichsfahne, der andere die Gerichtsfahne hält.)

Rit-

Ritter Andreas. Rügegraf. Reichsknapp.

Rügegraf. Ritter Andreas von Kühnsek! Die Sache eurer Anklage gegen Knapp Konrad von Hohenberg, in Betreff des Raubes eurer Fräulein Tochter, Emma von Kühnsek, verhält sich also richtig so, wie ihr sie uns vorgetragen habt?

Andreas. Ja, Herr Graf! Ich habe die Sache vorgetragen, nach ihren gegenwärtigen Umständen; bitte und fodere nichts anderes zu meiner Genugthuung, als was Recht und Urtheil spricht.

Rügegraf. Wohlan, Herr Ritter! dieß sey euch gewährt. Man stecke die Reichsfahne zur rechten, und die Gerichtsfahne zur linken des Saales aus. (Die zwey Knappen vollziehen solches.) Man rufe den Knapp Konrad von Hohenberg herein.

Reichsknapp. (Ruft hinaus.) Knapp Konrad von Hohenberg, trette herein in den Saal der Versammlung des hochedlen Reichsgerichtes.

## Fünfter Auftritt.

### Vorige. Knapp Konrad.

Konrad. (Mit edlem Anstand, macht seine Verbeugung, und stellt sich zur Seite der Gerichtsfahne.)

Rügegraf. (Und alle übrige, geben durch Zeichen

chen ihre Verwunderung, über Konrads Anſtand zu
verſtehen, dann fängt der Rügegraf an:) Knapp Kon=
rad von Hohenberg, ihr ſeyd des Mädchenrau=
bes beſchuldigt!

**Konrad.** Auch überwieſen? —

**Rügegraf.** Es ſind der Zeugniſſe viele wi=
der euch, laßt ſehen, ob ihr ſie zu vernichten ver=
mögt. — Habt ihr Emma von Kühnsek geliebt?

**Konrad.** Ja!

**Rügegraf.** Liebt ihr ſie noch?

**Konrad.** Wenn ſie es noch werth iſt, wie
vor ihrem Verſchwinden! —

**Rügegraf.** Habt ihr ein geheimes Bündniß
mit ihr gehabt? —

**Konrad.** Nein! —

**Rügegraf.** Eide mit ihr gewechſelt? —

**Konrad.** Nein!

**Rügegraf.** Was hattet ihr denn bey eurer
Liebe im Sinne, geheimen Minneſold oder rechtliches
Bündniß? —

**Konrad.** Was jeder ehrliche Mann und Rit=
terſprößling haben muß, rechtliches Bündniß.

**Rügegraf.** Begehrtet ihr Emma von ihrem
Vater zum ehelichen Gemahl? —

**Konrad.** Das that ich.

**Rügegraf.** Wurde ſie euch gewährt? —

**Konrad.** Nein, ſchimpflich abgeſchlagen.

Rüge-

**Rügegraf.** Schwort ihr ihrem Vater, dem Ritter Andreas von Kühnsek, nicht Rache? —

**Konrad.** Das that ich.

**Rügegraf.** Entwichet ihr nicht mit diesem Schwur aus der Burg? —

**Konrad.** Mit welchen Gedanken ich die Burg verließ, weiß ich nicht, mich dünkt ich war krank oder wüsten Sinnes.

**Rügegraf.** Waret ihr gesonnen, Gehülfen zu eurer Rache zu dingen?

**Konrad** Nein, ich habe geschworen, mich mit meinem eigenen Arm, nicht mit fremden Händen zu rächen.

**Rügegraf.** Sollte eure Rache nicht in der Entführung des verweigerten Fräuleins bestehen?

**Konrad.** Nein, so rächt sich ein Schurke, aber Konrad von Hohenberg nicht!

**Rügegraf.** Habt ihr nicht vor eurem Aufbruch nach Zavelstein mit dem Fräulein, im sogenannten Vorsaal, euch von heimlicher Flucht verabredet? —

**Konrad.** Zufällig sie gesprochen, aber keiner Flucht gedacht; wer aufrichtig liebt, begehrt nicht, das Mädchen seines Herzens durch heimliche Flucht zu schänden.

**Rügegraf.** Was trieb euch an, vom Ritter frühere Entlassung von Zavelstein zu begehren, als er selbst zurückkehrte?

**Konrad.**

**Konrad.** Geheime Ahndung.

**Rügegraf.** Ahndung ist Thorheit.

**Konrad.** (Auf den Ritter Andreas verdächtig sehend.) Und doch menschlich, auch ist sie zuweilen mehr als Thorheit.

**Rügegraf.** Diese Ausflüchte gelten beym Gerichte nichts. Warum thatet ihr dem Ritter nicht sogleich die Entweichung seiner Tochter kund? —

**Konrad.** Weil nacheilen mir nöthiger schien, und zu dieser Meldung müßige Leute genug in der Burg blieben.

**Rügegraf.** Warum folgte euch von des Ritters Leuten keiner als Kurd? —

**Konrad.** Darum sind des Ritters Leute selbst zu befragen. — Der treue Kurd folgte mir ohne Befehle.

**Rügegraf.** Was führte euch so schnell auf den rechten Weg? —

**Konrad.** Den Weg, den ich wählte, gab Ritter Hilsenburg mir an, obs der rechte gewesen, weiß ich nicht!

**Rügegraf.** Wie kamt ihr zu des Fräuleins Schleyer?

**Konrad.** Obs des Fräuleins Schleyer war, das weiß ich nicht gewiß; der gefundene Schleyer hing an einem Strauß am Wege.

**Rügegraf.** Was hatte Kurd für Geschäfte bey
euch

euch, als er aufbrechen sollte, das verlorne Fräu=
lein zu suchen?

Konrad. Mir mein Leben zu fristen durch
Speis und Trank, weil sich niemand um mich be=
kümmerte.

Rügegraf. Gabt ihr ihm nicht Anschläge zu
seiner Fahrt? —

Konrad. Das konnt ich nicht.

Rügegraf. Wo hat dieser Kurd sich hinge=
wandt, und warum kehrt er nicht wieder?

Konrad. Das kann ich in meinem Kerker
weniger erfahren, als der Ritter, der täglich durch
100 Bothen Kundschaft einzuziehen vermag.

Rügegraf. Knapp Konrad von Hohenberg,
habt ihr vor diesen euren Richtern die Wahrheit
geredet? Auf Ehr und Gewissen?

Konrad. Als hätt ich sie vor dem Richter=
stuhle des Ewigen gesagt! —

Rügegraf. So entfernt euch, und erwartet
euer Urtheil.

Konrad. (Verbeugt sich, und geht ab.)

## Sechster Auftritt.

### Vorige, ohne Konrad.

Rügegraf. (Zu denen bey ihm sitzenden Per=
sonen.) Ihr, edle Herrn! ihr habt nun die Aus=
sage und Rechtfertigung des Knapp Konrads von
Hohen=

Hohenberg gehört; gebt mir also eure Meinungen
und Stimmen über sein verdientes Urtheil!

Der Erste neben ihm sitzende (steht auf.)
Wir haben die Rechtfertigung des Knapp Kon=
rads gehört; meine Meinung wäre, man solle ihn
nochmals vorrufen lassen, mit dem Bedeuten, er
solle die Zeugnisse, die man wider ihn aufge=
bracht hat, besser entkräften, oder er werde für
schuldig erkannt. — Wer meiner Meinung ist, der
stehe auf, und strecke seine Hand in die Höhe,
und werfe sein Loos. (Alle stehen auf und strecken
die Hand in die Höhe, und werfen jeder eine Ku=
gel in das Kästchen.)

Rügegraf. Ja gut! dieß wollen wir. (Alle
setzen sich.) Man lasse Knapp Konrad nochmal
vor Gericht tretten!

Reichsknappe. (Ruft hinaus.) Knapp Kon=
rad von Hohenberg wird nochmals zur Versamm=
lung des hochedlen Reichsgerichtes vorgerufen.

## Siebenter Auftritt.

Vorige, Knapp Konrad (kömmt wie oben.)

Rügegraf. Knapp Konrad von Hohenberg,
eure Rechtfertigung hat den Richtern nicht genügt.
Ihr sollet die Zeugnisse, die man wider euch an=
gebracht, besser entkräften, oder ihr werdet für
schuldig erkannt.

Konrad.

Konrad. Ich habe die Wahrheit gesagt, wenn die mich nicht schützet, so schütze mich Gott!

Rügegraf. (steht auf, nimmt das schwarze Stäbchen in die Hand, will es zerbrechen) Knapp Konrad von Hohenberg, ihr seyd des — — — (Man hört ein fröhliches lautes Geschrey.)

Rügegraf. Was ist das für ein Geschrey im Vorsaale? — Man sehe nach! (Reichsknapp geht hinaus, kommt aber gleich wieder zurück.)

Reichsknapp. Ein wichtiger Zeuge, der in Konrads Sache gehört seyn will, bittet vorgelassen zu werden.

Rügegraf. Man lasse ihn herein kommen! (Reichsknapp ab.)

## Achter Auftritt.

### Vorige, und Knapp Kurd.

Kurd. (eilt keuchend und fast athemlos hinein) Um des Ewigen Barmherzigkeit willen, Konrad ist unschuldig! Das Fräulein ist gefunden, gerettet, und kann in einigen Minuten auch ihre Unschuld bezeugen, und den wahren Räuber nennen!

Konrad. (sieht staunend auf Kurd.)

Andreas. (freudig und staunend.)

Reichsknapp. (tritt ein.) Auch hat man dem strengen Befehle des Ritter Andreas von Kühnseck
zufolge,

zufolge, einen verdächtigen Nachtwandler einge=
fangen, der an der Burgmauer auf= und nieder=
geschlichen ist, und mittels eines Pfeifchens ein bü=
bisches Signal gegeben hat. Man hat sich sei=
ner sogleich bemächtiget, und einige Strickleitern,
nebst verschiedenen Schmuckkästchen und Kostbar=
keiten bei ihm gefunden, und erwartet, seinetwe=
gen weitern Befehl.

Rügegraf. Man führe ihn herein! ( Reichs=
graf ab.)

## Neunter Auftritt.

Die Vorigen. Ritter Hilsenburg. ( In Pil=
grims=Kleidern, wird von Reisigen geschlossen her=
eingeführt. )

Hilsenburg. Laßt mich doch, ihr verdamm=
ten Solofänger! Ich werd den Weg allein in das
verdammte Vogelhaus zu finden wissen. Packen
mich die Kerln an, nicht anderst, als wenn sie
einen spanischen Stier zu fangen hätten.

Rügegraf. Herr! wer ihr auch immer seyn
mögt, nur nicht so ungehalten! Ihr müßt wissen,
daß ihr jetzt vor dem Reichsgerichte stehet!

Hilsenburg. Ei was Reichsgericht! Ich
wollt lieber, ich stünd nicht da.

Rügegraf.

Rügegraf. Jetzt ist nicht Zeit zu scherzen, sagt an: Wer seyd ihr?

Hilsenburg. (Höhnisch lächelnd.) Kennt ihr mich denn nicht? — Den Ritter Augustin von Hilsenburg nicht?

Rügegraf. Wie, wärs möglich! Ihr Ritter Hilsenburg? Ha! haben wir dich doch einmal erhascht, listiger Vogel?

Hilsenburg. Ja! ich wollte lieber, ihr hättet den Teufel gefangen, als mich!

Rügegraf. Wie kommt ihr zu dieser Kleidung?

Hilsenburg. Komm ich dazu wie immer, ich hab sie gekauft, und nicht gestohlen.

Rügegraf. Nicht so keck, Hilsenburg, sonst werd ich euch zeigen müssen, mit wem ihr zu sprechen habt.

Hilsenburg. Mir wäre es zehntausendmal lieber, wenn ich jetzt nicht mit euch sprechen dürfte.

Rügegraf. Gebt also auf meine Fragen gebührende Antwort!

Hilsenburg. Ja, schon recht; aber nur nicht viel gefragt, das bitt ich, denn ich bin des Fragens nicht so gewöhnt, als wie ein Schulbub.

Rügegraf. Habt ihr das Fräulein Emma von Kühnseck entführen lassen?

Hilsenburg. Ja, ich hab das Fräulein Em=
ma

ma von Kühnseck entführen laſſen, und dieß aus
Rachſucht gegen Konrad, weil ich ihn nicht leiden
konnte.

Rügegraf. Und zu was dieſe Kleidung?

Hilſenburg. Weil ich mich in Begleitung der
zwey fränkiſchen Knechtsflüchten wollte; die Schurken haben mich aber ſitzen laſſen, und ſind allein
zum Teufel gegangen, ſonſt hätte man mich gewiß nicht ertappen ſollen.

Rügegraf. Schon gut! Man führe ihn in
das tiefſte Gefängniß, und bewache ihn, gegen
Verluſt des Kopfes, aufs ſchärfſte! —

(Hilſenburg wird von den Reiſigen abgeführt)

## Zehnter Auftritt.

### Vorige, ohne Hilſenburg.

Rügegraf. Geh, Auswurf der Menſchheit!
Ich will dir den Hohn in deiner letzten Stunde gewiß ſtumpf machen! — Knapp Kurd! Wie kamt
ihr denn auf die Spur von des Fräuleins Aufenthalt?

Kurd. Durch die Hülfe eines alten Kameraden, der mir unvermuthet im Walde aufſtieß.

Rügegraf. Wie nennt ſich dein Gehülfe?

Kurd. Der Name meines Gehülfen iſt
Haynim.

Rügegraf. Wo bleibt er aber ſo lange?

Kurd.

Kurd. Er wird mit dem Fräulein so eben in die Burg gekommen seyn. — Ah! da kömmt er ja.

## Eilfter Auftritt.

**Vorige. Haynim, dann Emma.**

Haynim. Gott grüß euch, edle Herren! verzeiht, daß ich so ohne allem in den Gerichtssaal trette; habe aber nur melden wollen, daß ich so eben mit dem Fräulein von Emma gekommen bin.

Rügegraf. Gut, rechtschaffener Mann! — Aber wo ist das Fräulein? (Emma kommt bleich, entstellt, flieht auf ihren Vater zu.)

Emma. Gott im Himmel! Wo ist mein Vater? (Sieht ihn.) O! mein Vater! Vater!

Andreas. (Im höchsten Entzücken.) Meine Tochter! Meine Emma! Gott seys gedankt, daß ich dich wieder habe!

Rügegraf. Wir wollen das Gericht enden; Knapp Kurd und braver Haynim, in einigen Tagen sollt ihr die verdiente Belohnung gewiß entweder durch mich, oder durch Knapp Konrad von Hohenberg erhalten. Und nun entfernt euch, denn wir haben noch ein und anderes auszumachen.

Kurd. Wir danken euch, edler Ritter! Was wir thaten, war unsere Pflicht: Gehabt euch wohl, edler Herr! (Geht mit Haynim ab.)

Rügegraf.

**Rügegraf.** Auch ihr, gnädiges Fräulein, werdet gebeten, euch einige Minuten zu entfernen.

**Emma.** (Verbeugt sich, im Abgehen zu Konrad.) Ihr liebt mich doch noch, lieber Konrad?
(ab.)

**Konrad.** (Seufzend.) Ja wohl lieb ich euch!

**Rügegraf.** Knapp Konrad von Hohenberg! Wir erklären und sprechen euch frey und unschuldig.

**Konrad.** (Verbeugt sich und geht zur Seitenthüre der Reichsfahne.)

**Rügegraf.** Ritter Andreas von Kühnseck, ihr habt euren Knappen Konrad von Hohenberg beleidigt, ihr seyd ihm Genugthuung schuldig.

**Andreas.** (Etwas stolz.) Es ist wahr, ich hab ihn beleidigt, werd ihm auch gleich genugthuende Anträge machen. — Knapp Konrad von Hohenberg! Sag an, welche Gnade soll Ritter Andres von Kühnseck dir erweisen? —

**Konrad.** Gnade, Ritter? Die pflege ich nur von dem oben zu erflehen, nicht von sündigen Menschen, wie ihr. Auch geziemt es euch dermahlen wohl besser, wenn ihr euch ans Bitten begebt, denn ihr habt mich hart, sehr hart beleidigt.

**Andreas.** So hätt ich also nichts, gar nichts in meiner Gewalt, was deiner Bitte werth schiene.

**Konrad.** Nichts, Ritter!

**Andreas.** Auch wenn meine Tochter dir werden sollte, würdest du nicht bitten?

**Konrad.**

Konrad. Auch dann nicht! Emma ist zu groß, zu edel, um einem Bettler zum Theil werden zu können; und der wäre ich, wenn ich mein an euch gewagtes Ansuchen nach einer schimpflichen Verweigerung erneuern wollte. Ihr kennt meinen Wahlspruch, Ritter! Mit Ehre besitzen, oder gar nicht!

Andreas. Auch den Ritterschlag nicht?

Konrad. Der will verdient, nicht erbettelt seyn. Auch kann und soll mich die Hand, die mich mißhandelte, nie, nie zum Ritter schlagen! — Doch, da ihr einmal heute denselben Trieb fühlt, mir ein Gesuch zu gewähren, so entschließt euch, mich in Frieden eurer Dienste zu entlassen. (Alle Abwesende betrachten ihn mit Verwunderung.)

Andreas. (Verlegen.) Zu entlassen?

Konrad. Ja! Eure Burg, euer Gebieth, Schwaben ist mir zu enge! Mein Arm bedarf Raum, sich auszudehnen.

Andreas. Wohlan, weil du denn Scheidung von mir höher achtest, denn alle Belohnung, die ich dir zu reichen gedächte, so fahre hin! (Reicht ihm eine schöne mit Steinen besetzte Schärpe, die er selbst trägt, und einen Beutel mit Gold.) Hier diese Geschmeide mögen dich einstweilen für Mangel und Elend schützen!

Konrad. Ich danke euch, Ritter! Ich habe des Wesens nicht nöthig, so lang meine Hände gesund sind. Ich begehre nichts, als mein Roß
und

und meinen Kurd, welche beyde mir schon längst gehören.

Rügegraf. Knapp Konrad von Hohenberg, da ihr nichts zur Genugthuung von eurem Ritter annehmen wollt, so hoffe ich, ihr werdet doch das, was ich euch im Namen unsers gnädigen Herrn Herzogs zur Genugthuung anbiethen werde, mir nicht abschlagen? Zuerst einen Gruß an euch von unserem gnädigen Herrn Herzog, und er läßt euch melden, daß er, nachdem ihm alle eure edle Handlungen und verdienstvolle Thaten bekannt sind, gesinnet sey, euch in Ansehung dessen, durch mich in seinem Namen aufs feyerlichste zum Ritter schlagen zu lassen.

Konrad. Mit wärmstem Dank nehm ich diese Gnäde von unserm hulbreichsten Herrn Herzog an.

Rügegraf. Wohlan! so geht und bereitet euch, morgen öffentlich vor der Versammlung der edelsten Ritter von Schwaben, den Ritterschlag in der Rüstung zu empfangen, welche ich euch im Nahmen des Herzogs werde überreichen lassen.

Konrad. (verbeugt sich und geht ab.)

Rügegraf. Das Gericht hat nun ein Ende! (Alle stehen auf.) Man nehme die Reichsfahne, und Blutfahne, und ziehe damit ab, und rufe laut aus: Knapp Konrad von Hohenberg sey unschuldig!

(Zu

(Zu Ritter Andreas) Und ihr, Herr Ritter! habt
die Güte mich auf euer Zimmer zu geleiten, denn
ich habe mit euch im Nahmen des Herzogs noch
ein und anderes in Betreff Konrads auf den mor=
genden Tag abzutragen.

Andreas. (Verbeugt sich, und Alle gehen ab,
unter Trompeten und Pauken; schnell hört man ru=
fen) Knapp Konrad von Hohenberg ist unschul=
dig !

### Ende des vierten Aufzugs.

Fünf=

# Fünfter Aufzug.

(Ein Turnierplaz.)

## Erster Auftritt.

Rügegraf. Ritter Andreas. Ritter Sebastian. Albert v. Stauffen. Viele andere
Ritter, worunter man auch sehr vornehme bemerkt. Fräulein Emma. Zofe Gertrud
und mehrere Damen. Zwey Kampfrichter. Ein Reichsherold. Haynim bemerkt
man auch darunter. Fräulein Emma ist ganz
einfach gekleidet, hat einen Kranz von Rosen
auf dem Kopf. Der Reichsknapp und Kurd
halten ein Schwerd, Schild, Helm und Speer.

Rügegraf. (In der Stechbahn.)

Knapp Konrad von Hohenberg, trettet vor!

Konrad. ( tritt mit Würde in die Stechbahn,
mit angezogener ganzen Rüstung, doch ohne Schwerd,
Helm, Schild und Speer. )

Rüge=

Rügegraf. Empfangt von meiner Hand, im Nahmen unsers gnädigsten Herzogs, und in Gegenwart dieser erlauchten Zeugen, und aller gegenwärtigen tapfern Ritter, den feyerlichen Schlag, (Konrad knieet nieder) der euch aus dem Knappenstande zur deutschen Ritterswürde empor hebt! Seyd wacker, und werdet eurem Vater ähnlich! Strebt reich zu werden an Edelthaten, an Gerechtigkeit und Großmuth! (giebt ihm den Ritterschlag.)

Konrad. (steht auf.)

Rügegraf. Hier übergeb ich euch im Nahmen des Herzogs, aus seiner eigenen Kammer, Schild, Helm, Schwerd, Sporn und Speer! (Reichsknapp und Kurd bringen selbe hervor.)

Konrad. (mit sichtbarer Verlegenheit) Herr Graf, ich bin über des Herzogs Huld und Gnade betreten — ich bin überrascht — ich kann nicht Worte finden — Sagt ihm, daß ich diesen Schild (rasch und gesammelt) angenommen hätte, um ihn und seine Getreuen vor seinen gefährlichsten Feinden damit zu schützen.

Rügegraf. Ich werde eure edlen Gesinnungen gewiß dem Herrn Herzog zu melden wissen. Und nun, wenn es euch gefällig ist, tapfrer Ritter, zum Turnier auf! (Konrad zieht die Rüstung an.)

Konrad. Das war ohnehin auch schon mein Wille, denn man hat den Nahmen des Fräuleins

ge=

geſchändet, und ſchändliche Gerichte von ihr aus=
gebreitet.

Andreas. Was? Von meiner Tochter? —
O, das arme unbefleckte Kind! Glaubt den böſen
Reden nicht, Herr Ritter! Emma iſt unſchuldig,
ſo gewiß, als die Sonne am Himmel iſt! —

Konrad. Das glaub ich, Ritter, ſonſt über=
nähme ich ihre Vertheidigung nicht! —

Rügegraf. Man rufe alſo laut unter Trom=
petenſchall aus: Wer wider die Unſchuld des Fräu=
leins von Kühnseck etwas einzuwenden hat, trete
auf! (Trompetenruf.)

Reichsherold. (ruft aus) Wer wider die
Unſchuld des Fräuleins von Kühnseck etwas ein=
zuwenden hat, trete auf, und wage es mit Ritter
Konrad von Hohenberg auf Lanze und Schwert!

Rügegraf. Man rufe zum zweiten und drit=
tenmahle die Vertheidigung der Unſchuld des Fräu=
leins aus! (Trompetenruf.)

Herold. Wer wider die Unſchuld des Fräuleins
Emma von Kühnsek etwas einzuwenden hat, der
trete auf und beginne den Strauß!

Zweiter Kampfrichter. (Pauſe.) Es tritt
keiner hervor, der den Strauß beginnen will.

Erſter Kampfrichter. Ritter Konrad von
Hohenberg! wir ſprechen euch daher nach unſern
Kampfgeſetzen das Recht zu.

Kon=

**Konrad.** (Geht zum Fräulein, und führt sie auf die Mitte des Platzes. Trompeten und Pauken erschallen. Alle gehen hervor.) Fräulein, eure Ehre ist gerettet, deß ist die sämmtliche Ritterschaft Zeuge. Beruhigt euch über die schwarzen Beschuldigungen, und seyd glücklich.

**Emma.** (Feyerlich.) Edler, großmüthiger Ritter! ihr habt viel für die Ehre unseres Hauses, viel für die meinige gethan; ich Arme weiß euch keinen Dank zu geben, denn ihr seyd zu groß. — Wollt ihr ihn euch selbst bestimmen, so sprecht! — Die Erfüllung eures Wunsches soll euch augenblicklich werden. (Sich zu ihrem Vater wendend.) Nicht? mein Vater!

**Andreas.** Augenblicklich! —

**Konrad.** Wohlan mein Fräulein, so bitt ich denn um eine einzige von euern Rosen! —

**Emma.** (Nimmt den Kranz vom Kopfe.) Von diesen Rosen? — Mein Herr Ritter! Emma spendet ihre Rosen nicht zu einzelnen aus, wem sie eine reicht, dem reicht sie auch den ganzen Kranz, und mit ihm sind Hand und Herz verbunden. (Liebevoll.) Sind euch diese willkommen? —

**Andreas.** (Tritt zwischen beyde.) Gottes und eures Vaters Segen sey über euch! Lebt glücklich!

Emma.

**Emma.**
**Konrad.** ⎡Zugleich.⎤ Dank, tausendfachen
Dank! liebster, beßter Vater!

**Konrad.** Dieser so seltge Augenblick, macht
mich alles Vergangene vergessen!

**Rügegraf.** (Tritt zwischen Konrad und Emma,
legt ihre Hände zusammen.) Und ich lege diese Hän=
de im Namen unsers gnädigen Herrn Herzogs zu=
sammen.

**Beyde.** (Verneigen sich.) Das ist unverhofte
Gnade!

**Rügegraf.** Und zum Brautschatz überreiche
ich euch, lieber Konrad! die schriftliche Eigen=
thumseinräumung von den vier nächst von hier ge=
legenen herzoglichen Rittersitzen. (Giebt ihm ein Pa=
pier.) Und diese Kette (Konrad kniet nieder) häng
ich euch im Namen unsers gnädigen Herrn Her=
zogs, zum ewigen Angedenken seiner Huld und
Gnade um. (Hängt ihm die Kette um.)

**Konrad.** Edler Herr Graf! diese so grosse
Huld und Gnade des gnädigsten Herrn Herzogs,
dieses alles kömmt mir zu unvermuthet. — Mein
Herz ist zu voll, als daß ich den Dank so mit
Worten auszudrücken vermöchte, wie ich ihn im
Herzen fühle. Mein zukünftiger Eifer, dem Herrn
Herzog nach allen Kräften dienen zu können, soll
ihn

ihn überzeugen, wie dankbar mein Herz für ihn schlägt.

Emma. Und ich vereinige meinen größten Dank, mit dem meines liebsten Konrads.

Konrad.
Emma.        { Zugleich. }   Zu viel Güte! — Zu
Andreas.                      viel Gnade!

Andreas. Und nun kommt Kinder! auch ich will euch euren Brautschatz übergeben, und dann gehts zum Schmause. Jetzt aber wollen wir alle laut ausrufen: Es lebe unser gnädigster Herr Herzog! (Alle rufen.) Es lebe unser gnädigster Herr Herzog! (Trompeten und Pauken. Der Vorhang fällt.)


Ende des Schauspiels.

www.ingramcontent.com/pod-product-compliance
Lightning Source LLC
Chambersburg PA
CBHW030323270326
41926CB00010B/1484